ÉTUDE

SUR LA

THÉODICÉE DE LEIBNIZ

THÈSE POUR LE DOCTORAT

PRÉSENTÉE A LA FACULTÉ DES LETTRES DE PARIS

PAR

F. BONIFAS

LICENCIÉ ÈS-LETTRES, BACHELIER EN THÉOLOGIE

PARIS

AUGUSTE DURAND
LIBRAIRE-ÉDITEUR
7, RUE DES GRÈS-SORBONNE

1863

ÉTUDE

SUR

LA THÉODICÉE DE LEIBNIZ

PARIS. — TYPOGRAPHIE DE CH. MEYRUEIS ET COMP.,

rue des Grès, 11.

ÉTUDE

SUR LA

THÉODICÉE DE LEIBNIZ

THÈSE POUR LE DOCTORAT

PRÉSENTÉE A LA FACULTÉ DES LETTRES DE PARIS

PAR

F. BONIFAS

LICENCIÉ ÈS-LETTRES, BACHELIER EN THÉOLOGIE

PARIS

AUGUSTE DURAND
LIBRAIRE-ÉDITEUR
7, RUE DES GRÈS-SORBONNE

CH. MEYRUEIS ET Cⁱᵉ
LIBRAIRES-ÉDITEURS
RUE DE RIVOLI, 174

1863

A LA MÉMOIRE DE MA MÈRE

———

A M. GUIZOT

De l'Académie française

HOMMAGE DE RECONNAISSANCE ET DE RESPECTUEUSE AFFECTION

F. BONIFAS.

INTRODUCTION

Leibniz est le plus vaste génie qui ait étonné le monde depuis Aristote. Il a parcouru toutes les sphères des connaissances humaines et a laissé partout des traces profondes et ineffaçables. A ce titre, il appartient à l'humanité tout entière; mais il appartient aussi à la France par la langue qu'il a parlée de préférence à toute autre, comme par le caractère de son esprit et l'école philosophique à laquelle il se rattache, si l'on peut dire que Leibniz soit d'une école.

Il a porté dans tous les domaines cet esprit universel et généralisateur, singulièrement ouvert à toutes les idées et merveilleusement propre à les rendre fécondes et populaires, qui fait l'originalité du génie français plutôt que du génie germanique. Jurisprudence, histoire, mathématiques, sciences naturelles, philologie et politique, métaphysique et théologie, il a tout embrassé, et grâce à l'admirable souplesse de son esprit, il a excellé partout.

L'éclectisme est le trait essentiel de son caractère comme de son génie. Ennemi de tous les extrêmes et de tous les excès, il n'épouse aucune secte, mais il les domine toutes pour les juger. — En politique, il veut la fusion de tous les partis et l'équilibre de tous les pouvoirs; il défend également les droits de l'empereur et ceux des princes; il exhorte tous les peuples de l'Europe à s'unir pour former une sorte de confédération chrétienne et travailler en commun au triomphe de la civilisation et au maintien de la paix. — En religion, il aspire à une Eglise universelle où viennent se rencontrer toutes les Eglises particulières, et il travaille avec ardeur à la réunion des luthériens et des réformés comme à celle des catholiques et des protestants. — En histoire, il met en lumière cette belle loi du développement et du progrès déjà signalée par saint Augustin, par Bacon et par Pascal; il la retrouve dans la production des idées comme dans l'enchaînement des faits, et par là il inaugure deux sciences nouvelles : l'histoire de la philosophie et la philosophie de l'histoire. — En philosophie, il cherche un système qui réconcilie toutes les écoles, résume toutes les vérités éparses dans les doctrines antérieures, découvre des vérités nouvelles, et devienne ainsi la philosophie universelle et impérissable : *perennis quædam philosophia*.

Enfin, pour faciliter ces conquêtes pacifiques de la civilisation et de la science, pour rendre plus actif et plus rapide ce mutuel échange de pensées, de progrès et de découvertes, pour réaliser cette harmonieuse unité qui est le but vers lequel marche le genre humain, Leibniz rêve une langue universelle, conçue sur le modèle du langage algébrique et destinée à faire tomber toutes les barrières qui séparent encore les peuples.

Ainsi, par le caractère de son esprit et de son œuvre, Leibniz est un homme de notre temps et un Français, et il appartenait à notre siècle comme à la France de s'éprendre d'admiration pour son génie et de ressusciter sa gloire quelque temps oubliée.

La fortune de Leibniz, en effet, comme celle de tous les grands noms, a été fort diverse. On a toujours admiré en lui le mathématicien et le savant, mais sa gloire de philosophe a été souvent méconnue. Après un premier éclat que jeta sa philosophie dans l'école de Wolff et de Lessing, ses écrits de métaphysique furent abandonnés en Allemagne et demeurèrent longtemps inconnus en France. Le nom de Leibniz ne rappelait plus qu'une immense fécondité et des hypothèses hasardeuses. Mais le jour de la justice s'est levé après les jours de l'oubli. Déjà, au commencement de ce siècle, Maine de Biran, et, sur ses pas, M. Cousin, avaient consacré à Leibniz leurs pages les plus éloquentes et les plus profondes. Mais c'est depuis quelques années qu'en Allemagne et en France, Leibniz est devenu l'objet d'une faveur toute particulière. Quelques érudits, grands amateurs d'autographes, ont curieusement interrogé les manuscrits conservés à Hanovre, visitant tous les tiroirs, fouillant dans tous les recueils et ne laissant rien échapper qui pût avoir quelque valeur ou quelque intérêt; ils ont ainsi publié une quantité de fragments, de lettres et d'opuscules inédits de Leibniz qui ont jeté une nouvelle lumière sur les points demeurés obscurs de son système et révélé le développement progressif de sa pensée comme l'harmonieuse unité de son œuvre (1). Les écrits sur la vie et la philosophie de Leibniz se sont aussi fort multipliés en ces derniers temps (2), et la France, à cet égard, n'a pas voulu demeurer en arrière de l'Allemagne. Non-seulement c'est un Français, M. Foucher de Careil, qui a pris l'initiative de l'édition des œuvres complètes de Leibniz (3), le plus beau monument que l'on puisse élever à sa gloire; mais l'Académie des Sciences morales et politiques a mis au concours l'appréciation de la philosophie de Leibniz, et au lieu d'un mémoire, elle en a eu deux à couronner (4).

Cette moisson si riche de documents et de travaux de toute sorte, qui rend en un sens notre tâche plus facile, la rend aussi plus difficile et plus délicate; car on a voulu tout voir dans Leibniz, et il est parfois malaisé de ne pas s'égarer et se perdre au milieu des

---

(1) Nous citerons, à côté de MM. Guhraner, de Rommel, Feder, etc., les publications suivantes que nous avons dû consulter pour notre travail : Grotefend, *Briefwechsel zwischen Leibniz, Arnauld*, etc.; Foucher de Careil, *Réfutation inédite de Spinoza par Leibniz*, 1854 ; *Lettres et opuscules inédits de Leibniz*, 1854 ; *Nouvelles Lettres et opuscules inédits de Leibniz*, 1857 ; *Leibniz, Descartes et Spinoza*, 1863.

(2) Nous citerons seulement ceux de ces ouvrages que nous avons pu consulter : les études de Maine de Biran, de MM. Cousin et Saisset et quelques ouvrages spéciaux :

Ludwig Feuerbach, *Darstellung, Entwicklung und Kritik der Leibniz'schen Philosophie*.

Erdmann, *Leibniz und der Idealismus vor Kant*.

K. Fischer, *Leibniz und seine Schule*.

H. Ritter, *Geschichte der Philosophie*, vol. XII.

Ch. Secrétan, *La philosophie de Leibniz*. 1840.

(3) Les quatre premiers volumes ont déjà paru chez Firmin Didot.

(4) M. Nourrisson a publié son mémoire sous ce titre : *La Philosophie de Leibniz*. 1860. M. Foucher de Careil fera du sien l'Introduction aux *OEuvres philosophiques* de Leibniz.

appréciations infiniment diverses dont sa philosophie a été l'objet. Il semble qu'à force de vouloir découvrir des Leibniz entièrement nouveaux, on ait perdu de vue le Leibniz véritable.

Aussi n'est-ce pas une œuvre d'érudition que nous prétendons entreprendre ici; nous ne voulons pas non plus embrasser dans notre étude la philosophie tout entière de Leibniz. Nous étudierons seulement la Théodicée, nous attachant d'abord à la bien comprendre pour en discuter ensuite les résultats et nous demander enfin s'il n'est pas possible de trouver aux redoutables problèmes qu'elle pose des solutions plus satisfaisantes et à l'optimisme qu'elle prétend établir un plus solide fondement.

Mais la Théodicée est l'œuvre des dernières années de Leibniz; elle est comme le couronnement du vaste et majestueux édifice lentement élevé par son génie; c'est le terme où aboutissent l'histoire tout entière de son développement philosophique et le progrès harmonieux de sa pensée. Détacher la Théodicée de l'ensemble dont elle fait partie, l'envisager toute seule et sans tenir compte du système général qu'elle suppose et qu'elle confirme tour à tour, ce serait s'exposer à ne pas la comprendre et méconnaître le lien profond qui ramène à une grande et forte unité les diverses parties du leibnizianisme.

Leibniz, en effet, est l'un des esprits les plus systématiques qui furent jamais; mais par un singulier contraste, si personne ne fut plus systématique dans ses pensées, personne ne le fut moins dans ses écrits. Amoureux de l'ordre et de l'unité, passionné pour la géométrie et les mathématiques, il aimait à remonter en toutes choses aux premiers principes, et cherchait à former de toutes les sciences un vaste et harmonieux ensemble et comme un organisme vivant. Et cependant, il n'a laissé aucun ouvrage de quelque étendue où son système se déploie dans la rigueur de ses principes et de ses conséquences; au lieu de cette œuvre systématique et complète à laquelle nous devions nous attendre, ce sont de courts écrits et des fragments détachés; des traits épars, jetés sans ordre dans une volumineuse correspondance, dans des articles de journaux, dans des opuscules de toute sorte dont les plus insignifiants en apparence ne sont pas les moins précieux; quelques pages inaperçues jettent souvent une lumière nouvelle sur tout le système; une phrase écrite en passant, un mot qui se cache dans le post-scriptum d'une lettre, révèlent quelquefois le secret qu'un traité en forme ne nous avait pas dit. L'esprit de Leibniz était trop universel, trop vif et trop mobile pour s'astreindre à une exposition rigoureuse et didactique; sa *Théodicée* même et ses *Nouveaux Essais* ne sont pas des livres; il est polygraphe, érudit, journaliste même, avant d'être philosophe et métaphysicien. Mais une profonde unité se révèle sous la prodigieuse diversité de ses écrits; c'est toujours le même esprit qui circule partout comme une sève abondante et féconde; c'est la même méthode et la même métaphysique que l'on retrouve sans cesse à travers l'infinie variété de leurs applications. En un mot, c'est Leibniz tout entier qui se découvre partout mais qui ne s'épuise nulle part;

sa philosophie est une, cohérente et complète, quoique l'exposition en soit fragmentaire et multiple. Tout est lié dans le système de Leibniz comme dans son univers, tout s'y correspond suivant les lois d'une merveilleuse harmonie, tout s'y développe avec une admirable unité ; chaque partie de son système le réfléchit tout entier comme chacune de ses monades réfléchit tout l'univers.

Aussi faut-il connaître le système de Leibniz tout entier pour comprendre l'une de ses parties, comme pour comprendre une seule monade il faut connaître toutes les autres. Avant d'entreprendre l'étude de la Théodicée, il faut donc déterminer avec soin les principes généraux de métaphysique qui lui servent en quelque sorte de point de départ et de point d'appui. Privés de ce fil conducteur, nous courrions grand risque de nous égarer dans le labyrinthe des questions secondaires et de nous méprendre sur le sens et la portée véritable du livre que nous voulons étudier.

Ainsi, esquisser d'abord les traits généraux du système de Leibniz ; étudier ensuite la Théodicée elle-même ; en discuter enfin les doctrines, et rechercher quels sont les fondements d'un optimisme véritable : tels seront à la fois l'objet et la division de ce travail.

PREMIÈRE PARTIE

ESQUISSE

DU SYSTÈME MÉTAPHYSIQUE DE LEIBNIZ

PREMIÈRE PARTIE

ESQUISSE

DU SYSTÈME MÉTAPHYSIQUE DE LEIBNIZ

La notion primitive, qui est pour Leibniz le point de départ de la philosophie, est la notion de substance, et la notion de substance est pour lui celle de la force. Leibniz sera donc tout entier dans sa métaphysique, et sa métaphysique, à son tour, se résumera dans la *monadologie*, ou théorie de la force.

Au principe cartésien de la passivité des substances qui avait produit le mysticisme de Malebranche et le panthéisme de Spinoza, Leibniz oppose un principe directement contraire : toute substance est une force capable d'action. « La force active ou agissante, dit-il, n'est pas la puissance nue de l'école ; il ne faut pas l'entendre, en effet, ainsi que les scolastiques, comme une simple faculté ou possibilité d'agir, qui pour être effectuée ou réduite à l'acte aurait besoin d'une excitation venue du dehors et comme d'un *stimulus* étranger. La véritable force active renferme l'action en elle-même ; elle est *entéléchie*, pouvoir moyen entre la simple faculté d'agir et l'acte déterminé ou effectué ; elle contient et enveloppe l'effort ; elle se détermine d'elle-même à l'action et n'a pas besoin d'y être aidée, mais seulement de n'être pas empêchée. L'exemple d'un poids qui tend la corde à laquelle il est suspendu, ou celui d'un arc tendu peut éclaircir cette notion » (1).

La force est le fond essentiel et permanent de toutes les substances, c'est un principe immatériel qui explique le monde des corps comme celui des âmes ; c'est une puissance intérieure et spontanée qui est à elle-même son propre principe d'action. Mais ce n'est pas la substance unique et universelle de Spinoza ; il y a autant de forces qu'il y a d'êtres particuliers : une pluralité infinie de forces et de substances, voilà la substance et voilà la force ; des unités diverses et analogues qui s'appellent *monades*, voilà l'unité. Ces monades, substances simples et irréductibles, sont les éléments primitifs des choses, les unités véritables qui font la réalité de tout ce qui est composé et multiple. Ce sont les vrais atomes de la nature ; mais ce ne sont pas des atomes matériels, car tout ce qui est matériel ou étendu est divisible à l'infini, et ne saurait constituer une véritable unité ; ce ne sont pas non plus des points mathématiques, extrémités idéales des lignes, qui sont indivisibles sans doute, mais qui n'ont rien de réel et se réduisent à une pure abstraction de l'esprit. — Ce sont des

---

(1) *De primæ philosophiæ emendatione*. Erdm., p. 122.

atomes, mais des atomes *spirituels;* ce sont des points, mais des points *métaphysiques*, les seuls qui soient à la fois réels et exacts; ce sont des *entéléchies* (1), des formes substantielles, des individus primitifs et absolus.

L'idée de la monade, voilà ce qui fait l'originalité de la métaphysique de Leibniz; c'est par elle que sa philosophie se distingue de tous les systèmes antérieurs, qu'elle redresse et qu'elle corrige en les conciliant tous ensemble dans une synthèse féconde et puissante. — Leibniz retient du cartésianisme le principe de la pluralité des substances, mais il substitue l'identité essentielle des monades au dualisme de la pensée et de l'étendue; par là, il comble l'abîme creusé par Descartes entre la matière et l'esprit et ramène la philosophie à l'unité d'un principe universel qui explique le monde des corps comme le monde des âmes. — Il affirme avec Spinoza l'identité fondamentale des substances, mais il renverse le fondement même du spinozisme en proclamant, au lieu d'une substance unique et universelle, un nombre infini de monades substantielles et distinctes (2). — En admettant une pluralité de substances identiques,

---

(1) « Car elles ont en elles une certaine perfection (ἔχουσι τὸ ἐν-τελές). » *Monad.*, § 18. Erdm., p. 706.

(2) « C'est justement par les monades, écrit Leibniz à Bourguet, que le spinozisme est détruit. Spinoza aurait raison s'il n'y avait pas de monades, et alors tout, hors de Dieu, serait passager et s'évanouirait en simples accidents et modifications. » (Erdm., p. 720.) La polémique contre Spinoza occupe une grande place dans les travaux de Leibniz. M. Foucher de Careil qui, le premier, a publié la *Réfutation inédite de Spinoza par Leibniz*, vient de retrouver et de publier des notes de Leibniz sur l'*Ethique* et sur des lettres de Spinoza, qui montrent jusqu'à quel point l'auteur de la *Monadologie* s'était occupé du spinozisme et avait pris à tâche de le combattre. (*Leibniz, Descartes et Spinoza.* Paris, 1863.)

Leibniz donne raison aux atomistes; mais il se sépare d'eux et il les corrige en transformant les atomes matériels en monades spirituelles, et les formes accidentelles imposées du dehors aux atomes par une sorte de hasard, en formes primitives, attributs constitutifs des monades elles-mêmes. — Leibniz réhabilite ainsi les formes substantielles et parle la langue des scolastiques; mais il les dépasse tout en les imitant : il prétend mettre fin à la célèbre querelle qui avait divisé tout le moyen âge et réconcilier le nominalisme avec le réalisme, en donnant raison à l'un et à l'autre; la monade, en effet, est à la fois une idée universelle et un être particulier, un genre et un individu; c'est l'individu élevé à la dignité de genre et qui en a tous les caractères; c'est l'individu primitif, éternel, absolu. — De même, Leibniz pense mettre d'accord Aristote et Platon; les monades, comme les idées platoniciennes, sont des réalités éternelles et invisibles, des types primitifs et impérissables qui ne peuvent ni commencer ni finir par les voies naturelles; comme les entéléchies d'Aristote, ce sont des forces individuelles et distinctes, principes de la vie et du mouvement dans la nature.

C'est ainsi que Leibniz résume et concentre dans une notion unique les éléments épars des philosophies antérieures; c'est ainsi qu'il efface toutes les dualités, et réconcilie ensemble Platon et Aristote, Démocrite et les scolastiques, Descartes et Spinoza. Il se montre à la fois éclectique et créateur; son idée de la monade est tout ensemble un résultat de la critique et une intuition de génie.

La théorie tout entière des monades découle de l'idée de la force avec la rigueur lumineuse d'une démonstration géométrique. Parce qu'elles sont absolument simples, les monades ne peuvent ni commencer ni finir par les voies naturelles de la composition et de la dissolution. Elles sont toutes contemporaines, elles ont commencé avec l'univers et ne finiront qu'avec lui. Leur nombre demeure toujours le même ; la quantité de l'être ou de la force est constante dans le monde, et ne peut ni s'accroître ni s'amoindrir. C'est encore en vertu de leur simplicité absolue que les monades ne peuvent subir aucune influence étrangère; car toute action exercée sur la monade d'une manière extérieure et mécanique supposerait en elle un déplacement de parties, et la monade n'a point de parties; elle demeure donc absolument indépendante et solitaire. Comme le dit Leibniz dans sa langue expressive et pittoresque : « Les monades n'ont point de fenêtres par lesquelles quelque chose puisse entrer ou sortir » (1).

Des substances simples et absolument destituées de parties, identiques d'ailleurs de nature et d'essence, ne peuvent se distinguer entre elles que par leur activité interne. C'est donc comme force active et agissante que chaque monade diffère de toutes les autres et qu'elle diffère d'elle-même à chaque moment de sa durée, car toute activité implique le changement et la différence. De même qu'on ne saurait trouver deux feuilles d'arbre exactement sem-

---

(1) *Monad.*, § 7. Erdm., p. 705.

blables, il ne saurait y avoir deux monades absolument identiques. Chacune a une activité distincte, une série particulière de modifications dont elle est tout ensemble le principe et le théâtre, et qui la fait être un individu déterminé. — C'est donc l'idée de la force active qui joue, dans le système de Leibniz, le rôle du fameux principe d'individuation. Ce qui détermine l'individu, c'est l'individu lui-même, c'est la force qui le constitue, c'est l'activité qui lui appartient. L'individu ne reçoit pas son caractère individuel — ce que les scolastiques appelaient *la forme* — d'une puissance extérieure et étrangère; il n'a besoin que de lui-même pour se réaliser; son individualité est éternelle et primitive; elle est, dès l'origine, distincte de toute autre et le sera jusqu'à la fin; l'individu ne *devient* pas, il *est*.

L'activité de la monade, qui constitue son individualité, suppose, avons-nous dit, un changement continuel. « La simplicité de la substance n'empêche point la multiplicité des modifications... comme dans un centre, ou point, tout simple qu'il est, se trouvent une infinité d'angles formés par les lignes qui y concourent » (1).

« L'état passager qui enveloppe et représente une multitude dans l'unité ou dans la substance simple n'est autre chose que ce qu'on appelle la *perception*... L'action du principe interne qui fait le changement ou le passage d'une perception à une autre peut être appelée *appétition* » (2).

---

(1) *Principes de la nature et de la grâce*, § 2. Erdm., p. 714.
(2) *Monad.*, §§ 14 et 15. Erdm., p. 706. « Perceptio nihil aliud quam

Voilà donc les monades douées de deux qualités essentielles aux esprits, et Leibniz paraît concevoir toutes les substances d'après l'analogie de l'âme humaine (1).—Mais qu'est-ce que la perception pour une monade privée de la conscience d'elle-même et impénétrable à toute influence extérieure? Il faut qu'il y ait un certain ordre entre les monades pour qu'il y ait un univers; chaque monade occupe dans cet ordre une place déterminée qui implique cet ordre tout entier, et par cela même le représente. C'est cette représentation de l'ordre universel dans chaque monade qui constitue la perception. Chaque monade se développe d'une manière isolée et indépendante, mais il y a entre ces développements divers une correspondance primitive, infaillible et parfaite; chacun d'eux est calculé pour s'accorder avec tous les autres; chaque état d'une monade est déterminé par l'état de toutes et le détermine à son tour; c'est en ce sens que chaque monade, par ce qui est en elle, représente ce qui est au dehors, et peut être appelée un miroir où vient se réfléchir tout l'univers. La monade inintelligente ne peut contempler l'image qu'elle porte en elle-même; l'homme doué de conscience et de raison en aperçoit quelques traits; mais Dieu seul la contemple d'une manière claire et distincte : pour son regard infini, chaque monade est l'univers tout

multorum in uno expressio. » *Ep. V ad R. P. des Bosses.*) « Omnis entelechia prima habet variationem internam secundum quam etiam variantur actiones externæ. Sed perceptio nihil aliud est quam illa ipsa repræsentatio variationis externæ in interna. » (*De anima brutorum.* Erdm., p. 464.)

(1) C'est là ce que M. Ritter appelle la *théosophie* de Leibniz. (Voy. Ritter, *Gesch. der Phil.*, vol. XII, l. VII, c. 2.)

entier représenté d'un certain point de vue, et aperçu sous un angle déterminé. A défaut de la monade, cette représentation intérieure de la vaste scène du monde a Dieu lui-même pour spectateur.

Comme l'œil d'un Cuvier verrait dans un seul membre le corps tout entier de l'animal, comme un savant botaniste, avec une fleur ou un fruit, pourrait reconstruire toute la plante, ainsi, avec une seule monade, nous pourrions construire ou apercevoir l'univers tout entier; tant est merveilleuse la correspondance de chaque partie avec l'ensemble, tant la connexion est profonde entre chaque monade et toutes les autres. Cette connexion et cette correspondance constituent la perception.

L'activité des monades est donc une activité représentative; elles représentent toutes le même univers, mais chacune d'un point de vue différent; elles sont toutes des images concentrées du monde, mais chacune perçoit cette image avec un degré différent de clarté. Ce sont ces degrés infiniment divers, et que des différences imperceptibles séparent, qui établissent entre les monades une hiérarchie infinie. Comme les perceptions de chaque monade forment une chaîne ininterrompue, les monades, à leur tour, forment une série continue et progressive; mais, tandis que dans la série des perceptions chacune est le produit de celle qui précède et produit à son tour celle qui la suit, dans la chaîne des monades les anneaux se suivent mais ne s'engendrent pas les uns les autres; chacun d'eux est un individu primitif et indépendant. Au plus bas degré de l'échelle, c'est la monade *pure* ou *nue*, dont les perceptions confuses et obscures ne sont accompagnées ni de conscience ni de mémoire, et ressemblent à ce sentiment vague et indécis que nous conservons de nous-mêmes dans l'état d'évanouissement ou de sommeil. Quand la perception est plus claire et que la conscience et la mémoire viennent s'y joindre, la monade est une *âme*. Lorsque enfin, — et c'est le sommet de l'échelle, — la perception est tout à fait claire et distincte, lorsqu'à la conscience et à la mémoire vient s'ajouter la raison, la monade est un *esprit*. Seuls les esprits sont les miroirs de Dieu même ; les autres monades ne réfléchissent que l'univers.

La monade est une force spirituelle et active, mais c'est une force limitée. Plusieurs activités infinies ayant le même but et le même objet, se confondraient en une activité unique et universelle, et au lieu d'avoir un nombre indéfini de monades, nous aurions la substance absolue de Spinoza. Il n'y a que des activités limitées qui puissent être individuelles et distinctes ; il faut donc que les monades aient en elles un principe qui leur serve de limite, pour qu'elles soient des monades. Cette limitation originelle de la force active, Leibniz l'appelle la *matière*; c'est le principe passif de la monade. Ce principe de passivité est aussi essentiel à la monade que le principe actif lui-même, et tous les deux sont nécessaires l'un à l'autre pour former une entéléchie. Le principe passif, que Leibniz appelle la *matière première*, est un principe incorporel qui échappe, comme la force, à l'imagination et aux sens, et que la raison seule peut concevoir. C'est la force de résistance ou d'impénétrabilité que Leibniz appelle *antitypie* (1), et en vertu de laquelle les monades au lieu de se pénétrer et de se confondre, subsistent séparément les unes à côté des autres. Mais cette force, en se développant, donne naissance à la matière étendue et corporelle, que Leibniz appelle *matière seconde* ; l'étendue, selon Leibniz, n'est qu'une diffusion de l'antitypie (2). L'étendue est la résistance continuée (*continuatio resistentis*) comme la ligne est le développement du point mathématique (*fluxus puncti*) (3). Les corps, ou matière seconde, sont engendrés par la matière première comme les solides, en géométrie, sont engendrés par l'évolution des lignes et des plans. Ce principe de résistance est une force partout répandue et toujours agissante. Il y a donc partout des corps, du mouvement et de la vie ; il n'y a dans l'univers aucune place pour le vide, pour l'inertie et le repos.

Ainsi, le monde des monades enfante le monde des corps, et les corps forment une série progressive et continue qui correspond à la hiérarchie des monades.

---

(1) « In hac ipsa vi passiva resistendi materiæ primæ notionem colloco. » (*De ipsa natura*, etc., § 11. Erdm., p. 157.) « Materia est quod consistit in antitypia, seu quod penetranti resistit. » (*Ep. III, ad Bierling*. Erdm., p. 678.)

(2) « L'étendue suppose quelque qualité, quelque attribut, quelque nature dans ce sujet qui s'étend, se répande avec le sujet, se continue. L'étendue est la diffusion de cette qualité ou nature ; par exemple, dans le lait, il y a une étendue ou diffusion de la blancheur ; dans le diamant, une étendue ou diffusion de la dureté ; dans le corps en général, une étendue ou diffusion de l'antitypie ou de la matérialité. » (*Examen des principes du P. Malebranche*. Erdm., p. 692.)

(3) *Epist. VIII ad R. P. des Bosses*. Erdm., p. 442. Cf. *Epist. II*, p. 436. « Materia prima non in extensione sed in extensionis exigentia consistit. »

L'organisme se perfectionne à mesure que la monade à laquelle il appartient devient plus parfaite ; la vie animale s'ajoute à la vie végétative en même temps que la conscience s'ajoute à la perception et que l'appétit devient la volonté. Les corps inorganiques sont de simples agrégats de monades juxtaposées, sans lien réel qui leur donne une véritable unité ; composés de monades vivantes sans être vivants eux-mêmes, ils sont semblables à un étang poissonneux : les poissons vivent, l'étang ne vit pas. Les corps organisés, au contraire, se composent d'un certain nombre d'entéléchies étroitement groupées autour d'une monade centrale qui en est l'âme et y maintient une permanente unité.

Il n'y a point d'êtres purement spirituels comme il n'y en a point de purement matériels. Tous les êtres sont un composé d'âme et de corps ; l'âme se développe suivant les lois des causes finales, et le corps obéit aux lois mécaniques des causes efficientes et des mouvements ; mais il y a correspondance et harmonie entre ces deux ordres de lois, l'âme est la cause finale du corps, et le règne des causes efficientes est subordonné à celui des causes finales (1).

Les corps sont des machines vivantes, dont la moindre partie est une machine à son tour ; chaque membre d'un animal est un animal lui-même et renferme tout un monde d'êtres vivants qui en renferment d'autres à leur tour, et ainsi jusqu'à l'infini (2).

---

(1) « Ita fit ut efficientes causæ pendeant a finalibus, et spiritualia sint natura priora materialibus. » (*Epist. II ad Bierling.* Erdm., p. 678.)

(2) « Chaque partie de la matière peut être conçue comme un jardin

Les corps se transforment sans cesse ; c'est un flux continuel de monades secondaires se succédant sans relâche autour de la monade dominante ou centrale ; mais cette monade demeure toujours la même à travers ces transformations successives. A la série continue des perceptions ou des modifications de l'âme, correspond la série continue des métamorphoses et des évolutions du corps ; mais au sein de cette double mobilité, un double principe demeure identique et immuable ; c'est toujours la même âme et c'est toujours le même corps. La naissance et la mort ne sont que des phases diverses d'un développement progressif ; l'individu préexiste à l'une et survit à l'autre dans la double identité de son âme et de son corps.

Il n'y a de réel que les monades et leur développement. Il n'y a pas deux sortes de substances, il n'y en a qu'une : la force se limitant elle-même. Dieu seul est une force absolue, une activité pure sans mélange de passivité, un pur esprit sans contact avec la matière. Les monades sont des forces actives et limitées, des âmes et des corps ; le développement de leur force active produit la série continue des perceptions ; le développement de leur principe de passivité est une limitation de leur puissance représentative et enfante les phénomènes corporels en même temps que les perceptions confuses. Pour Leibniz, en effet, être limité et être passif, être

---

plein de plantes et comme un étang plein de poissons. Mais chaque rameau de la plante, chaque membre de l'animal, chaque goutte de ses humeurs est encore un tel jardin ou un tel étang. » (*Monad.*, § 67. Erdm., p. 710.)

corporel et avoir des perceptions confuses, sont des expressions synonymes. Dieu, qui est seul une activité sans limite et une substance purement immatérielle, est aussi le seul qui ait des perceptions absolument claires et distinctes. Toutes les monades ont des perceptions confuses; aussi ont-elles toutes quelque chose de limité, de passif et de matériel. Elles sont actives dans la mesure où leurs perceptions sont distinctes, et passives dans la mesure où leurs perceptions sont confuses; cette passivité et ces perceptions confuses donnent naissance à la matière (1). La matière n'est donc qu'une limitation et un rapport; ce n'est pas une substance indépendante et distincte, c'est un phénomène naturel et nécessaire résultant de l'évolution des monades spirituelles et finies (2). La matière, c'est en quelque sorte l'esprit se limitant lui-même; les corps, ce sont les monades se donnant de mutuelles limites pour se distinguer entre elles. « Chaque âme, dit Leibniz, connaît tout, mais confusément. » — « Toutes les monades vont confusément à l'infini, au tout; mais elles sont limitées et distinguées par les degrés des perceptions distinctes » (3). Ces limitations, ces différences, ces

---

(1) « On attribue l'action à la monade autant qu'elle a des perceptions distinctes, et la passion autant qu'elle en a de confuses. » (*Monad.*, § 49. Erdm., p. 709.) « Leurs passions sont dans les perceptions confuses. C'est ce qui enveloppe la matière. » (*Lettre à Montmort*. Erdm., p. 225.)
(2) « Vous jugez fort bien que mes monades ne sont pas des atomes de matière, mais des substances simples douées de force dont les corps ne sont que les phénomènes. » (*Lettre à Bourguet*. Erdm., p. 719.) « Massa est phænomenon reale. » — « Massa seu phænomenon ex monadibus resultans. » (*Epist. XII et XI ad R. P. des Bosses*. Erdm., p. 457 et 456.)
(3) *Principes de la nature et de la grâce*, § 13. Erdm., p. 717.

proportions diverses de perceptions distinctes et de perceptions confuses, voilà la matière que Leibniz appelle quelque part « le mélange des effets de l'infini. »

L'univers est donc un ensemble de forces vivantes et spirituelles, déployant leurs activités finies par un principe intérieur et indépendant. C'est une immense hiérarchie de substances analogues, et cette analogie parfaite au sein d'une variété infinie constitue l'harmonie universelle. Si les monades n'étaient pas limitées, si elles n'avaient rien de corporel, elles ne pourraient se distinguer entre elles, et former cette hiérarchie continue, condition de l'ordre et de l'harmonie. La matière est donc à la fois ce qui sépare les monades et ce qui les unit, le fondement de leur individualité distincte et tout ensemble la condition de leur correspondance et de leur accord; sans la matière, point de variété et point d'ordre, c'est-à-dire point d'harmonie. « S'il n'y avait que des esprits, ils seraient sans la liaison nécessaire, sans l'ordre des temps et des lieux. Cet ordre demande la matière, le mouvement et ses lois » (1). « Les créatures affranchies de la matière seraient détachées en même temps de la liaison universelle et comme les déserteurs de l'ordre général » (2).

Or, la matière, à son tour, n'est autre chose que la limitation de la force représentative, et se confond avec les perceptions confuses que Leibniz appelle aussi perceptions insensibles. Ce sont donc les per-

---

(1) *Théod.*, II, § 120. Erdm., p. 537.
(2) *Considérations sur le principe de vie*. Erdm., p. 432.

ceptions insensibles qui sont, en définitive, le lien de toutes choses et la raison secrète de l'harmonie. Ce sont elles, en effet, qui distinguent les monades entre elles et marquent les degrés de leur hiérarchie en les séparant par des différences imperceptibles. Toutes les monades représentent le même univers, c'est-à-dire l'infini ; si leurs perceptions étaient toutes également distinctes, il n'y aurait plus de différence d'une monade à une autre ; la proportion infiniment diverse de perceptions confuses qui vient se mêler aux perceptions distinctes peut seule établir les degrés infiniment divers de l'échelle des êtres (1). — C'est aussi grâce aux perceptions insensibles qu'il règne entre les monades une correspondance infaillible, car ce sont elles qui représentent dans le développement interne de chaque monade le développement de toutes les autres, et rattachent ainsi le progrès individuel de chaque être à l'ordre et au plan universels. Aussi Leibniz a-t-il pu dire : « Les petites perceptions sont de plus grande efficace qu'on ne pense..., en conséquence de ces petites perceptions, le présent est plein de l'avenir et chargé du passé ; tout est conspirant (σύμπνοια πάντα), comme disait Hippocrate, et dans la moindre des substances, des yeux aussi perçants que ceux de Dieu, pourraient lire toute la suite des choses de l'univers. » — « C'est aussi par les perceptions insensibles que j'explique

---

(1) « Ce n'est pas dans l'objet, mais dans la modification de la connaissance de l'objet que les monades sont bornées... Elles sont limitées et distinguées par les degrés des perceptions distinctes. » (Monad., § 60. Erdm., p. 710.)

cette admirable harmonie préétablie de l'âme et du corps et même de toutes les monades ou substances simples » (1).

Ainsi, tout est lié, tout se correspond et tout s'enchaîne; le présent est gros de l'avenir et a sa raison d'être dans le passé; chaque état d'une monade implique tous ses états antérieurs et tous ses états futurs, comme aussi tous les états correspondants de toutes les monades, et la série tout entière des transformations de chacune; chaque monade, dans chacune de ses modifications, représente et concentre en elle l'univers tout entier avec tout son passé et tout son avenir.

L'harmonie universelle est donc une loi constitutive des choses, une conséquence naturelle et nécessaire de la nature même des monades. Non-seulement la double loi de l'analogie et de la continuité la suppose, mais elle est déjà contenue dans le seul fait de la perception. Qu'est-ce, en effet, que la perception? Une force représentative en vertu de laquelle tout ce qui est en dehors de la monade vient se peindre au dedans. Pour que le développement intérieur de chaque substance reproduise ainsi le développement de toutes les autres, il faut qu'il existe entre ces développements divers une correspondance infaillible et un parfait accord. C'est ce que dit Leibniz lui-même : « Cette liaison ou cet accommodement de toutes les choses créées à chacune et de chacune à toutes les autres fait que chaque substance simple

---

(1) *Nouv. Essais. Avant-propos.* Erdm., p. 197, 198.

a des rapports qui expriment toutes les autres et qu'elle est par conséquent un miroir vivant perpétuel de l'univers » (1). En vertu de cette correspondance universelle des subtances qui fonde la puissance représentative inhérente à chaque monade, il y a partout action et passion, influence idéale et accommodation réciproque. « La créature est dite agir au dehors en tant qu'elle a de la perfection, et pâtir d'une autre en tant qu'elle est imparfaite... Et une créature est plus parfaite qu'une autre en ce qu'on trouve en elle ce qui sert à rendre raison *a priori* de ce qui se passe dans l'autre, et c'est par là qu'on dit qu'elle agit sur l'autre » (2).

La force représentative, attribut essentiel de la monade, est donc inexplicable sans l'harmonie universelle; la perception conduit à l'harmonie et la suppose; elle en est à la fois la cause et l'effet, le principe et la conséquence. L'une est le fondement de l'autre et s'appuie sur elle à son tour; ou plutôt, c'est un fait unique envisagé sous deux aspects différents : la perception, c'est la correspondance universelle des êtres vue de l'intérieur de chaque monade; l'harmonie, c'est cette correspondance universelle vue de l'extérieur et considérée en soi.

---

(1) *Monad.*, § 56. Erdm., p. 709.
(2) *Monad.*, §§ 49 et 50. « Toutes choses, dit encore Leibniz, étant ordonnées d'avance selon la perfection relative de chaque élément du grand tout, la perfection ou l'action de l'une répond constamment à l'imperfection ou à la passion de l'autre, et l'on peut dire avec vérité que les monades influent les unes sur les autres, que l'une est cause et l'autre effet. Cette influence n'est, à la vérité, qu'idéale. Un être est cause d'un changement dans un autre parce que la nécessité de ce changement spontané a été mise en lui, dès l'origine des choses, en considération du premier. »

Leibniz n'avait donc qu'à laisser sa théorie des monades se développer elle-même pour être conduit à la grande loi de l'harmonie universelle. Aussi ne pouvons-nous que nous étonner de l'entendre parler de son hypothèse de l'harmonie préétablie comme d'une découverte inespérée qui vient fort à propos le tirer du mortel embarras où l'avait jeté le problème de l'union de l'âme et du corps. « Après avoir établi ces choses, dit Leibniz qui vient de développer sa théorie de la force, je croyais entrer dans le port; mais lorsque je me mis à méditer sur l'union de l'âme avec le corps, je fus rejeté comme en pleine mer. Car je ne trouvais aucun moyen d'expliquer comment le corps fait passer quelque chose dans l'âme, ou *vice versâ*, ni comment une substance peut communiquer avec une autre substance créée » (1).

Pourquoi se montrer si fort embarrassé de l'union de l'âme avec le corps comme de la communication des substances entre elles, et présenter l'harmonie préétablie comme une hypothèse imaginée pour sortir d'embarras? La théorie de la force représentative ne suppose-t-elle pas la grande loi de l'harmonie, qui est à son tour la solution de tous ces problèmes? La véritable hypothèse ce n'est pas l'harmonie préétablie, c'est la monade; et de la monade, force active douée de perception, découle logiquement tout le reste. — Peut-être, lorsque Leibniz écrivait ces paroles,

---

(1) *Système nouveau*, etc. Erdm., p. 127. Et Leibniz ajoute : « Je fus conduit insensiblement à un sentiment qui me surprit, mais qui paraît inévitable et qui, en effet, a des avantages très grands et des beautés très considérables. »

n'avait-il pas encore une conscience bien claire de la portée métaphysique de son principe de la monade ; peut être n'avait-il pas encore su voir jusqu'au fond de sa propre pensée et saisir son système dans toute l'étendue de ses applications et de ses conséquences.

Mais la forme sous laquelle Leibniz présente ordinairement sa théorie de l'harmonie préétablie donne lieu à une question plus grave et plus délicate. En comparant l'âme et le corps à deux horloges que Dieu a réglées dès l'origine des choses pour les faire marcher dans un invariable accord, Leibniz semble les considérer comme deux substances absolument distinctes et séparées par un abîme ; il semble oublier que sa monade est un principe immatériel qui explique la matière comme l'esprit et qui ramène à l'unité d'une substance identique le monde des âmes et le monde des corps. La matière n'est plus une production de l'esprit, un phénomène résultant de l'activité multiple et diversement limitée des monades, mais une substance complète et indépendante qui constitue avec la substance spirituelle une antinomie irréductible. La contradiction ne paraît-elle pas évidente et Leibniz ne retombe-t-il pas dans ce dualisme cartésien de la pensée et de l'étendue dont il s'était d'abord si hardiment affranchi ? Et, s'il y a opposition réelle, où faut-il chercher la véritable pensée de Leibniz ? Il nous semble qu'entre une comparaison empruntée au langage populaire et une doctrine rigoureuse de métaphysique, il n'y a pas à hésiter, et s'il faut choisir entre la théorie des monades et l'harmonie préétablie, nous choisissons la théorie des monades. Mais nous croyons que l'alternative ne se pose pas en ces termes et qu'il n'y a pas ici de contradiction véritable. — Il ne faut pas prendre à la lettre la comparaison des deux horloges ou toute autre comparaison semblable qui paraît attribuer aux corps une réalité substantielle et indépendante. Nous pensons, avec M. Kuno Fischer (1), que ce sont là des formes populaires dont Leibniz a dû revêtir sa doctrine pour que sa nouveauté hardie ne parût pas trop étrange ; c'est une concession faite à la philosophie cartésienne qui régnait alors sans partage sur les esprits et qui admettait comme un dogme le dualisme absolu de l'âme et du corps. Il est digne de remarque, en effet, que Leibniz ne recourt à cette comparaison des horloges que lorsqu'il écrit spécialement pour la France, dans le *Journal des Savants*, par exemple (2). La France entière était alors cartésienne, et Leibniz, esprit large et conciliateur, jaloux de gagner tous les suffrages à ses doctrines en montrant qu'elles s'appliquent merveilleusement à toutes les philosophies pour en résoudre tous les problèmes, Leibniz, qui aime à parler à chacun sa propre langue pour se faire comprendre de tous, se fait en quelque sorte disciple de Descartes pour s'adresser à des cartésiens. Il se place sur leur terrain, il accepte leur principe de la séparation absolue des deux substances et leur montre que de toutes les

---

(1) Voy. K. Fischer, *Leibniz und seine Schule,* chap. VI, p. 157 et suiv.
(2) *Eclaircissement du Nouveau Système. — Second Eclairciss. — Troisième Eclairciss.* Erdm., p. 131-134.

hypothèses imaginées pour expliquer leurs mutuels rapports, celle de l'harmonie préétablie est la seule qui soit satisfaisante. C'est aux disciples de Descartes, en effet, c'est à Malebranche et à Jaquelot, aux partisans des causes occasionnelles et de l'assistance divine, que Leibniz emprunte sa double comparaison des deux horloges marchant de concert, et de l'automate exécutant de lui-même toutes les volontés de son maître. — Remarquons encore, sur les pas de M. Fischer, que les deux comparaisons ne s'accordent pas entre elles. La comparaison des horloges implique un mécanisme absolu dans l'âme et dans le corps ; ce sont deux machines fonctionnant séparément dans une complète indépendance l'une à l'égard de l'autre. D'après la comparaison de l'automate, au contraire, l'âme est un maître qui fait d'une machine son serviteur, et le corps lui obéit ponctuellement, quoiqu'il ne reçoive pas ses ordres. Ainsi, l'harmonie entre l'âme et le corps se fonde tantôt sur le simple accord des deux termes tantôt sur l'accommodation de l'un des termes à l'autre. Ce désaccord même ne doit-il pas nous avertir que nous avons affaire ici, non pas à l'expression exacte et rigoureuse de la véritable doctrine de Leibniz, mais à une forme populaire dont il a revêtu sa pensée pour la rendre plus accessible et plus acceptable à l'esprit cartésien de son siècle.

La correspondance de Leibniz avec le Père des Bosses soulève une difficulté du même genre et que l'on peut écarter de la même manière. Il est beaucoup question dans ces lettres d'un *lien substantiel* (*vinculum substantiale*) qui rapproche et unit les éléments des corps composés de manière à en faire de véritables substances. A suivre cette théorie, il y aurait quelque chose de réel en dehors des monades et des phénomènes résultant de leur limitation naturelle ou de leurs mutuels rapports ; la matière subsisterait à côté des forces spirituelles comme une substance indépendante et distincte. Nous serions ramenés de nouveau au dualisme des esprits et des corps, et Leibniz serait une seconde fois en contradiction avec lui-même.

Mais ici encore la contradiction n'est pas réelle et l'explication est facile. Et d'abord, cette théorie du *lien substantiel* ne se rencontre nulle part dans les autres écrits de Leibniz ; partout au contraire il parle des monades et de leurs phénomènes (1), de matière première essentielle à toute substance et de matière seconde qui en est le produit naturel et nécessaire, sans jamais recourir à aucun autre principe pour expliquer l'univers matériel. Il y a plus ; quand on parcourt la correspondance avec le Père des Bosses elle-même, on est frappé des contradictions et des incertitudes, des réserves et des retours qui viennent sans cesse briser l'enchaînement des pensées de Leibniz, ordinairement si ferme et si lumineux. Tantôt le lien des monades est une monade à son tour, et alors nous sommes ramenés à la

---

(1) Cette doctrine se retrouve d'ailleurs dans les lettres même au Père des Bosses, et l'on y rencontre ces expressions très significatives : « Massa, seu phænomenon ex monadibus resultans. » — « Massa, seu phænomenon reale. » (*Epist. XI et XII*. Erdm , p. 456 et 457.)

doctrine ordinaire de Leibniz que les corps sont composés de monades réunies autour d'une monade dominante ou centrale. Tantôt le *vinculum substantiale* est un principe indépendant et distinct qui peut subsister tout seul ou être transporté d'un ensemble de monades à un autre, et alors c'est une théorie toute nouvelle qu'aucun lien ne rattache à la métaphysique générale de Leibniz, et qui suscite des difficultés toujours renaissantes. Cela même ne prouve-t-il pas que c'est là une doctrine étrangère au système de Leibniz et imaginée pour les besoins du moment?

C'est en effet pour trouver une explication rationnelle au dogme de la Transsubstantiation que Leibniz a recours à cette théorie. Il écrit à un Père jésuite, et pour le gagner plus sûrement à sa philosophie, il prend à tâche de lui montrer que seule elle peut rendre raison du mystère de l'Eucharistie tel que l'enseigne l'Eglise catholique. Pour y parvenir, il imagine un *vinculum substantiale* indépendant des substances et de leurs phénomènes et qui peut être transporté d'une substance corporelle à une autre sans que les phénomènes visibles en soient altérés. Dès lors le mystère de la Transsubstantiation n'a rien de contradictoire : la substance du corps de Jésus-Christ peut se substituer à celle de l'hostie consacrée et les apparences extérieures demeurer les mêmes ; tandis que le mystère est inexplicable s'il n'y a dans les corps aucune substance réelle et indépendante de leurs phénomènes. Comme l'harmonie préétablie et la comparaison des horloges, la théorie du lien substantiel est une sorte d'argument *ad ho-*

minem employé par Leibniz pour démontrer la supériorité de son système et l'application universelle de sa métaphysique, qui seule résout les problèmes du cartésianisme comme les difficultés de la foi ; nous trouvons ici une exposition des théories leibniziennes à l'usage des catholiques, comme nous en trouvions une, tout à l'heure, à l'usage des cartésiens. C'est toujours le même esprit de conciliation, — nous dirions volontiers de prosélytisme ; — c'est toujours Leibniz entrant dans les vues de ceux auxquels il s'adresse, et les prenant en quelque sorte par leur faible, pour s'en faire plus sûrement écouter.

Ainsi, ni la théorie du *vinculum substantiale*, ni la doctrine populaire de l'harmonie préétablie ne doivent nous faire abandonner les résultats où nous ont conduits les principes généraux de la monadologie. L'univers s'explique par les monades, puissances spirituelles et finies dont la limitation et le jeu infiniment multiple produisent le monde phénoménal des corps (1) ; l'harmonie universelle est une loi primitive des choses, une conséquence nécessaire de la nature et des attributs des monades. — Cette doctrine de l'harmonie ou de la progression universelle

(1) Si les corps s'expliquent par un principe incorporel et sont le produit de l'activité des esprits, ils n'en sont pas moins réels pour cela ; Leibniz prétend ne pas être idéaliste ; la matière lui paraît être aussi certaine et aussi nécessaire que l'esprit ; c'est un élément essentiel de la substance, qui est une force active et limitée ; les monades cesseraient d'être des substances individuelles et distinctes pour se confondre dans une substance unique et absolue, si elles n'étaient pas corporelles en même temps que spirituelles. Le monde des corps tient donc sa place dans l'univers au même titre que le monde des esprits, et les deux mondes sont unis par des liens si indissolubles que l'un ne saurait absolument se passer de l'autre.

de la vie à travers tous les degrés de l'échelle des êtres est la doctrine caractéristique de la philosophie de Leibniz ; il aime à s'appeler lui-même *l'auteur de l'harmonie préétablie;* il est ravi de ce qu'il nomme sa découverte, et croit y trouver la clef de tous les mystères et l'explication universelle des choses. Il faut l'entendre se livrer à son enthousiasme avec une candeur naïve et charmante :

« J'ai été frappé d'un nouveau système.....; depuis, je crois voir une nouvelle face de l'intérieur des choses. Ce système paraît allier Platon avec Démocrite, Aristote avec Descartes, les scolastiques avec les modernes, la théologie et la morale avec la raison. Il semble qu'il prend le meilleur de tous côtés, et que puis après il va plus loin qu'on n'est allé encore. J'y trouve une explication intelligible de l'union de l'âme et du corps, chose dont j'avais désespéré auparavant. J'y trouve une simplicité et une uniformité surprenante, en sorte qu'on peut dire que c'est partout et toujours la même chose aux degrés de perfection près. Je vois maintenant ce que Platon entendait quand il prenait la matière pour un être imparfait et transitoire ; ce qu'Aristote voulait dire par son entéléchie ; ce que c'est que la promesse que Démocrite même faisait d'une autre vie, chez Pline ; jusqu'où les sceptiques avaient raison en déclamant contre les sens ; comment les animaux sont des automates suivant Descartes, et comment ils ont pourtant des âmes et des sentiments selon l'opinion du genre humain ; comment il faut expliquer raisonnablement ceux qui ont donné de la vie et de la perception à toutes choses, comme Cardan, Campanella, et mieux qu'eux, feu Madame la comtesse de Cannaway, platonicienne, et notre ami feu M. François-Mercure van Helmont, avec son ami feu M. Henry Morus » (1).

Mais ce qui enchante le plus Leibniz dans son système, c'est qu'il conduit infailliblement à Dieu, et donne de son existence une démonstration nouvelle et singulièrement lumineuse. Il est clair, en effet, que cette chaîne infinie d'êtres mobiles et contingents doit avoir pour premier anneau un être immuable et nécessaire, qui en soit le principe et la raison d'existence ; cette progression merveilleuse de forces vivantes remontant de degrés en degrés l'échelle immense de la perfection doit nécessairement aboutir à une force suprême, parfait épanouissement de l'être et de la vie, où elle trouve tout ensemble son terme et son point de départ. « Dans la suite des choses répandues par l'univers, dit Leibniz, la résolution en raisons particulières pourrait aller à un détail sans borne, à cause de la variété immense des choses de la nature et de la division des corps à l'infini....., et comme tout ce détail n'enveloppe que d'autres contingents antérieurs et plus détaillés, dont chacun a encore besoin d'une analyse semblable pour en rendre raison, on n'en est pas plus avancé, et il faut que la raison suffisante ou dernière soit hors de la suite ou *série* de ce détail des contingences, quelque infini qu'il pourrait être. Et c'est ainsi que

---

(1) *Nouv. Essais*, liv. 1, ch. i. Erdm., p. 205.

la dernière raison des choses doit être dans une substance nécessaire, dans laquelle le détail des changements ne soit qu'éminemment comme dans la source, et c'est ce que nous appelons *Dieu*. Or, cette substance étant une raison suffisante de tout ce détail, lequel aussi est lié partout, il n'y a qu'un Dieu, et ce Dieu suffit » (1).

Ainsi, le système métaphysique de Leibniz trouve dans l'idée de Dieu tout ensemble sa base et son couronnement suprême. Dieu est la vérité primitive, point de départ et point d'appui de toutes les autres; il soutient la hiérarchie des êtres comme il ferme le cercle de la pensée. Dès lors se découvre à nous une nouvelle face des choses, et les monades nous apparaissent sous un double aspect. Ce sont des forces spontanées et indépendantes, qui ne subissent aucune action étrangère et réalisent par une puissance intérieure les virtualités primitives que

---

(1) *Monad.*, §§ 36-39. Erdm., p. 708.
Leibniz, d'ailleurs, ne dédaigne aucun des arguments dont les philosophes s'étaient servis jusque-là pour démontrer l'existence de Dieu; mais il s'attache de préférence à la preuve cartésienne, tirée de l'idée de l'être parfait, qu'il prétend perfectionner encore et dont il veut faire une démonstration complète, inattaquable, mathématique :
« En Dieu, dit-il, est non-seulement la source des existences, mais encore celle des essences... Sans lui, il n'y aurait rien de réel dans les possibilités, et non-seulement rien d'existant, mais encore rien de possible. Cependant il faut bien que, s'il y a une réalité dans les essences ou possibilités, ou bien dans les vérités éternelles, cette réalité soit fondée en quelque chose d'existant et d'actuel, et par conséquent dans l'existence de l'être nécessaire dans lequel l'essence renferme l'existence ou dans lequel il suffit d'être possible pour être actuel. Ainsi Dieu seul (ou l'Etre nécessaire) a ce privilége qu'il faut qu'il existe, s'il est possible. Et comme rien ne peut empêcher la possibilité de ce qui n'enferme aucune borne, aucune négation, et par conséquent aucune contradiction, cela suffit pour connaître l'existence de Dieu *a priori*. » (*Monad.*, §§ 43-45. Erdm., p. 708.)

chacune porte en son sein. Mais ce sont aussi des créatures dont l'existence dépend uniquement de la volonté divine ; elles se développent par leur propre force, mais elles tiennent cette force de Dieu et n'existent que par lui. Dieu est avec elles dans un double rapport. Comme monade suprême, il est la force absolue, le dernier terme où vient aboutir la chaîne progressive des monades, le sommet de l'échelle infinie de la perfection ; comme créateur, il est la puissance supérieure qui du dehors leur donne l'existence par un acte transcendant et absolu. Dieu est donc à la fois le principe et la fin des choses, la dernière cause finale et la première cause efficiente. L'harmonie des monades est une harmonie naturelle, en ce sens qu'elle leur est inhérente par une loi intérieure et primitive ; mais cette harmonie est une harmonie préétablie en ce sens que les monades et leurs lois ont été choisies de Dieu et réalisées par sa volonté créatrice. Si les monades avaient en elles-mêmes le principe de leur existence comme le principe de leur activité, la nature, avec ses lois éternelles, serait la suprême explication des choses ; mais comme les monades tiennent leur existence de Dieu, ce qui était une loi naturelle devient un décret divin, ce qui était une virtualité intérieure devient un ordre préétabli, et c'est Dieu qui en définitive est la dernière raison de tout. — De même, le monde se conserve par une évolution spontanée de forces naturelles ; mais comme ces forces ne subsistent que par la continuation du même acte qui les a produites, la conservation de l'univers est aussi une création continuelle. Enfin, comme ces forces, pour être dérivées et dépendantes, n'en sont pas moins primitives et indestructibles, la création est une création éternelle. — Ainsi se concilient le monde inné à lui-même et l'Etre transcendant et supérieur au monde, l'acte créateur et la création éternelle, le point de vue de la nature et le point de vue de Dieu.

Nous pouvons maintenant embrasser d'un seul regard le système tout entier de Leibniz, et admirer tout ce qu'il a de majesté et de grandeur, de simplicité féconde et d'imposante harmonie. Quel grand et admirable spectacle nous offre le monde tel que l'a conçu le génie de Leibniz ! C'est un vaste ensemble de forces semblables par leur essence, mais infiniment diverses par les degrés de leur perfection relative ; c'est une hiérarchie continue, une progression constante et infaillible, une échelle immense entre deux infinis. La vie circule partout, depuis la matière la plus grossière jusqu'au premier des esprits; tout se meut, tout palpite, tout se développe à travers un flux continuel d'éléments qui se renouvellent sans cesse sans s'épuiser jamais ; et sous cette apparence mobile et changeante, le même fond demeure, la même réalité subsiste permanente et éternelle. Le plan de l'harmonie se réalise par le concours de toutes ces forces vivantes qui se correspondent sans se connaître, et s'accordent avec une précision merveilleuse, sans jamais sortir d'elles-mêmes. — Et au-dessus de cette chaîne immense apparaît le Dieu souverainement parfait, foyer toujours rayonnant de lumière, source inépuisable de l'être et de la vie, dont l'intelligence infinie conçoit de toute éternité l'ensemble le plus parfait des choses, et dont la puissance et la volonté souveraines le réalisent éternellement.

Et maintenant nous pouvons aborder avec fruit l'étude de la Théodicée. Il nous sera plus facile d'en apprécier la valeur et le sens après avoir contemplé l'ordonnance générale de l'édifice dont elle fait partie. Leibniz nous a livré le secret de ses théories métaphysiques dont il croit si volontiers l'application universelle, et ce secret nous donnera la clef de la Théodicée ; ce sera la lumière qui guidera notre marche, et comme le fil conducteur qui nous empêchera de nous perdre à travers la diversité des points de vue et la variété infinie des détails.

DEUXIÈME PARTIE

—

LA THÉODICÉE

DEUXIÈME PARTIE

LA THÉODICÉE

CHAPITRE PREMIER

ORIGINES DE LA THÉODICÉE. — BAYLE ET LEIBNIZ. — LA RAISON ET LA FOI.

Leibniz est une de ces âmes d'élite qui sont naturellement religieuses et pour qui les choses divines ont un vif et tout puissant attrait. De bonne heure il avait plaidé la cause des grandes vérités de la religion naturelle et s'était appliqué à défendre les dogmes du christianisme avec les armes de la raison (1). On peut dire que la pensée qui inspira la Théodicée fut comme l'inspiration de sa vie tout entière. Il suffit pour s'en convaincre de parcourir sa correspondance. Bien longtemps avant 1710, année où parurent les *Essais*, Leibniz se montre vivement préoc-

---

(1) Voy. le *De Arte combinatoria* (Erdm., p. 7), qui se termine par une démonstration de l'existence de Dieu. — Voy. aussi *Confessio naturæ contra atheistas.* — *Responsio ad objectiones Wissowatii contra Trinitatem et Incarnationem Dei altissimi.* — *Defensio Trinitatis per nova reperta logica contra epistolam Ariani.*

cupé des questions qu'il doit y traiter un jour et dans ses lettres à Arnauld, comme dans le Discours de métaphysique qui servit de point de départ à cette correspondance, on peut suivre en quelque sorte les progrès de la formation du livre qui n'existe pas encore.

Il y a plus. Grâce aux infatigables recherches de M. Foucher de Careil et aux précieux manuscrits qu'il a retrouvés à Hanovre, on pourrait écrire un long chapitre sur l'histoire de la Théodicée avant 1710. Nous n'avons pas la prétention d'entreprendre ici une tâche que M. Foucher de Careil doit remplir lui-même lorsqu'il publiera les œuvres philosophiques de Leibniz. Qu'il nous soit permis toutefois de dire quelques mots sur les curieux documents dont il a bien voulu nous communiquer une partie.

Dans une lettre au duc de Brunswick, Jean Frédéric (1), Leibniz parle d'un grand ouvrage portant le titre de *Demonstrationum catholicarum*, et divisé en trois parties, où il devait traiter toutes les grandes questions de la théologie naturelle et de la théologie révélée, mais qui n'existait encore, paraît-il, qu'à l'état de projet ou d'esquisse. « La première partie, disait Leibniz, devait donner des démonstrations de Dieu et de l'âme, comme en effet j'en ai de surprenantes. La seconde devait contenir les preuves de la religion chrétienne et de la possibilité de nos principaux mystères, particulièrement de la Trinité, de l'Incarnation, de l'Eucharistie et de la résurrection

---

(1) Cette lettre est encore inédite; elle a été retrouvée à Hanovre par M. Foucher de Careil; elle a été écrite de Mayence vers l'année 1669.

des corps. La troisième devait traiter de l'Eglise, de son autorité, du droit divin, de la hiérarchie et des limites de la puissance séculière et ecclésiastique. »

Il n'existe à Hanovre aucun écrit de Leibniz, portant le titre de *Démonstrations catholiques*, mais M. Foucher de Careil a retrouvé une série de manuscrits qui paraissent répondre parfaitement à ce que nous savons des *Démonstrations* par la lettre au duc Jean Frédéric, et qui forment comme une Théodicée anticipée.

C'est d'abord un manuscrit portant ce titre significatif : *Specimen Demonstrationum catholicarum, seu apologia fidei ex ratione*. C'était sans doute la préface du livre des *Démonstrations*, et le contenu correspond à celui du *Discours sur la conformité de la foi avec la raison*, qui précède les *Essais de Théodicée*. — Leibniz y met en lumière l'accord des vérités naturelles et des vérités révélées. — Il n'y a pas deux vérités, dit-il, il n'y en a qu'une ; et il cite une déclaration d'un Concile à l'appui de sa thèse.

C'est ensuite un écrit intitulé : *Dialogus de immortalitate mentis et necessitate rectoris in mundo, et Confessio philosophi, seu de justitia Dei circa prædestinationem, aliisque ad hoc argumentum spectantibus*. Cet écrit correspond sans doute à la première partie des *Démonstrations catholiques* : il est facile d'y reconnaître ce dialogue latin que Leibniz, avait montré à Arnauld, pendant son séjour à Paris et qu'il mentionne lui même dans sa Théodicée : « Etant en France, je communiquai à M. Arnauld un dialogue que j'avais fait en latin sur la cause du mal et la justice de Dieu..... Ce principe que je soutiens ici, savoir que le péché avait été permis à cause qu'il était enveloppé dans le meilleur plan de l'univers, y était déjà employé, et M. Arnauld ne parut point s'en effaroucher » (1). — La première partie, qui contenait la démonstration de l'existence de Dieu et de l'immortalité de l'âme, est perdue, mais la seconde a été conservée et c'est un morceau d'une capitale importance. — Un théologien et un philosophe s'entretiennent ensemble de la justice et de la bonté de Dieu, de la prédestination et du libre arbitre, et de la conciliation des perfections divines avec la présence du mal dans le monde. Toutes les grandes questions de la Théodicée y sont posées et résolues. Le philosophe établit la thèse de l'optimisme en se fondant sur les mêmes principes qu'invoquera plus tard l'auteur des *Essais*. — Ce sont, dans leurs traits essentiels, les grandes doctrines leibniziennes de l'harmonie universelle, du choix du meilleur, du rôle nécessaire que joue le mal dans le monde, des vérités éternelles et des possibilités idéales, objet de l'entendement divin et déterminant la volonté créatrice ; en un mot, c'est un programme complet et détaillé de la Théodicée qui y trouve tout ensemble sa confirmation et son point de départ.

(1) *Théod.*, § 211. Erdm., p. 569. Leibniz parle encore de ce dialogue dans une de ses lettres à Malebranche : « J'ai fort médité sur cette matière de la liberté depuis bien des années, jusqu'à avoir composé un dialogue latin, à Paris, que je fis voir à M. Arnauld qui ne le méprisa point. » (Cousin, *Fragments de philosophie cartésienne. — Correspondance inédite de Malebranche et de Leibnitz*, p. 409.)

Mentionnons enfin un écrit portant ce titre : *Rationale fidei catholicæ*, dans lequel Leibniz s'attache à démontrer que les dogmes chrétiens, tels qu'ils sont enseignés par l'Eglise universelle, s'accordent beaucoup mieux avec les données de la raison que les doctrines des hérétiques ou des sectaires. Il est aisé de reconnaître ici la seconde partie du livre des *Démonstrations*.

A ces écrits s'en ajoutent quelques autres, tels que le traité *De religione magnorum virorum,* dont le sommaire seul nous reste, et où Leibniz cherche à prouver que tous les grands philosophes ont été des hommes religieux accusés à tort d'athéisme ; il veut par là enlever aux athées de son siècle tout prétexte à se faire de ces grands noms une autorité et un exemple.

Le *Dialogue entre Théophile et Polydore* est aussi remarquable, en ce qu'on y trouve exposée la théorie de la production ou du choix du meilleur telle que la développera plus tard la Théodicée.

Tel est l'inventaire abrégé des trésors découverts à Hanovre par l'ardeur infatigable de M. Foucher de Careil. Tous ces écrits sont antérieurs à la Théodicée et quelques-uns remontent à la première période de la vie de Leibniz, à son séjour auprès de l'électeur de Mayence. Ils nous sont une preuve évidente de la grande place qu'occupèrent toujours les questions religieuses dans la pensée de Leibniz, et nous montrent que la Théodicée fut préparée de longue main par une série ininterrompue de méditations et de travaux.

Une nouvelle preuve du prix qu'attachait Leibniz

à sa Théodicée, ce sont les soins qu'il se donne pour en assurer le succès : à peine vient-elle de paraître qu'il prend des mesures pour la faire traduire en latin, en allemand, en anglais et même en italien. Mais il ambitionne surtout le suffrage de la France, et il demande souvent à ses correspondants français quel est l'accueil que Paris fait à son livre. Mille traits épars dans ses lettres nous révèlent ses prédilections pour cette œuvre où il avait mis le meilleur de son âme comme de son génie. C'est pour lui comme un enfant préféré pour lequel il a toutes les tendresses et toutes les sollicitudes d'un père.

Mais cet ouvrage, qui résume en quelque sorte toute la vie de Leibniz, n'en est pas moins, comme tout ce qu'il écrivait, une œuvre de circonstance. Leibniz nous raconte lui-même dans plusieurs de ses lettres quelle fut l'occasion qui le détermina à écrire. En 1707 il écrit à Hanschius : « Comme autrefois la sérénissime reine de Prusse (1) prenait plaisir à lire

(1) Sophie-Charlotte, femme de Frédéric Ier, roi de Prusse, et sœur de George Ier, roi d'Angleterre. Elle avait été élevée par sa tante, la célèbre princesse Elisabeth de Bohême, admiratrice passionnée de Descartes qui lui dédia plusieurs de ses écrits. Femme d'un esprit supérieur et d'une ardeur insatiable de tout connaître, elle encouragea les sciences et prit Leibniz en grande amitié. Au château de Lützemboug, qui prit d'elle le nom de Charlottembourg, elle s'entourait des hommes les plus distingués de son temps, sans distinction de secte ou de naissance, et s'entretenait avec eux des plus hautes questions de la science et de la philosophie. Elle mourut subitement le 1er février 1705. « Ne pleurez pas, disait-elle à ceux qui entouraient son lit de mort; je vais maintenant satisfaire ma curiosité sur les principes des choses que Leibniz n'a pu m'expliquer : l'espace, l'infini, l'être et le néant. » — « Cette princesse, disait Frédéric le Grand, avait le génie d'un grand homme et le savoir d'un érudit. Elle crut qu'il n'était pas indigne d'une reine de donner son amitié à un philosophe. » (Kuno Fischer, *Leibniz und seine Schule*, p. 63.) Sa mort fut pour Leibniz un véritable malheur, et la douleur que lui causa cette perte mit sa vie en danger.

les ouvrages de Bayle, lesquels sont pleins de doctrine et d'élégance, et qu'elle y remarquait nombre d'objections touchant la justice divine, le libre arbitre, l'origine du mal, la cause du péché, elle demandait mon avis. Pour moi, je lui montrais que les difficultés n'étaient pas aussi grandes qu'elles le semblaient et qu'on pourrait, sauf erreur, sortir aisément et promptement d'embarras. Et je dois dire que les explications que j'apportais ne déplaisaient pas. C'est pourquoi l'illustre reine me pressait souvent de consigner par écrit mes méditations sur ce sujet et de le faire en français, afin qu'elle pût le lire ainsi que toutes les personnes qui, hors de l'Allemagne, n'ont pas l'habitude du latin. J'avais commencé ce travail, mais la mort de la reine me l'avait fait abandonner. Or, me trouvant cet hiver à Berlin, des amis, qui avaient eu connaissance de la volonté de la reine, n'ont pas cessé de me presser d'obéir à ses ordres de point en point. Il est résulté de là un manuscrit qui, livré à la presse, donnerait un juste volume in-octavo » (1).

Citons encore ce que Leibniz écrivait à Burnet, l'année même où parut la Théodicée (1710). « La plus grande partie de cet ouvrage, dit-il en parlant des *Essais*, avait été faite par lambeaux quand je me trouvais chez la feue reine de Prusse, où ces matières étaient souvent agitées à l'occasion du *Dictionnaire* et des autres ouvrages de M. Bayle qu'on y lisait beaucoup. J'avais coutume, dans les discours, de ré-

(1) Dutens, t. V, p. 162.

pondre aux objections de M. Bayle et de faire voir à la reine qu'elles n'étaient pas si fortes que certaines gens peu favorables à la religion le voulaient faire croire. Sa Majesté m'ordonnait souvent de mettre mes réponses par écrit, afin qu'on pût les considérer avec attention. Après la mort de cette princesse, j'ai rassemblé et augmenté ces pièces sur l'exhortation des amis qui en étaient informés, et j'en ai fait l'ouvrage dont je viens de parler » (1).

Ainsi, d'après le témoignage de Leibniz lui-même, c'est sur les instances de la reine de Prusse que furent écrits les fragments qui, augmentés plus tard et réunis en volume, formèrent la Théodicée. C'était le temps, en effet, où de grandes dames et d'illustres princesses aimaient à s'occuper des plus hautes questions de la science et à intervenir dans les discussions les plus abstraites. « Les controverses du jansénisme, dit M. Cousin, avaient mis en quelque sorte à l'ordre du jour les plus hautes questions de la philosophie, la liberté de l'homme, la raison du bien et du mal, la nature de Dieu, le mode et la fin de la création. Voilà les querelles qui agitaient le dix-septième siècle et occupaient tous les esprits, les théologiens et les philosophes, les solitaires et les gens du monde, l'humble religieuse et la grande dame, depuis Madame de Sévigné, jusqu'à la princesse Elisabeth, l'électrice de Hanovre, la princesse de Galles et la reine de Prusse » (2). Ce qui préoccupait surtout cette dernière, dans les doctes conférences de Char-

---

(1) Dutens, t. VI, p. 284.
(2) Cousin, *Fragments de philosophie cartésienne*, p. 417.

lottembourg, ce qui jetait le trouble dans son esprit et provoquait de la part de Leibniz de vives et éloquentes répliques, c'était, nous l'avons vu, les objections élevées par Bayle contre les vérités de la foi; et c'est pour réfuter ces attaques que fut publiée plus tard la Théodicée. Aussi, pour en comprendre la portée et le sens, est-il nécessaire d'arrêter un instant nos regards sur Bayle et sur son œuvre.

Aux orages du seizième siècle avait succédé le calme d'un siècle organisateur et réfléchi, ennemi de toutes les témérités et de tous les excès, religieux par conviction autant que par politique, et qui portait dans tous les domaines la précision rigoureuse d'un esprit dogmatique et législateur. Aussi le dix-septième siècle ne fut-il pas le siècle du scepticisme. Montaigne n'eut pour successeurs et pour disciples que quelques douteurs de cabinet, hommes d'esprit à qui l'on pardonnait, comme un travers aimable, un scepticisme qui n'était ni une puissance ni un danger. Mais le siècle suivant vit se lever toute une armée de sceptiques, tour à tour sérieux ou frivoles, enthousiastes ou cyniques, mais toujours agressifs et audacieux, qui devaient renverser sous l'effort de leurs attaques tout l'édifice des institutions et des croyances du passé. Bayle fut le précurseur de ces hommes-là; il prépara leur œuvre et leur fournit des armes.

Esprit subtil et pénétrant, habile à discerner le côté faible de tous les systèmes et à revêtir tous les sophismes d'une apparence de raison, mais incapable d'une conviction sérieuse et d'un attachement profond pour la vérité, il fit le procès à tout ce qu'avait produit le siècle de Louis XIV, et s'attaqua à tout ce qui était en possession du respect et de la vénération des peuples.

Il forme avec Leibniz un frappant et parfait contraste. Autant sa vie agitée et inquiète, souvent traversée par la persécution et par l'exil, ressemble peu à la vie paisible et honorée du philosophe de Hanovre, autant son esprit brouillon, contredisant et chagrin est éloigné de la calme sérénité de Leibniz et de cette bienveillance universelle qu'il témoignait aux hommes et à leurs idées. — « Je suis protestant dans toute la force du mot, disait un jour Bayle à l'abbé de Polignac; je proteste contre tout ce qui se fait et tout ce qui se dit. » — « Je ne méprise rien, car il y a de la vérité partout, » disait Leibniz. — Bayle prend à tâche de mettre ceux qui affirment aux prises les uns avec les autres et en contradiction avec eux-mêmes. Leibniz s'efforce d'interpréter dans « un bon sens » toutes les doctrines et de les concilier ensemble en retenant ce que chacune a de vrai. Bayle se plaît aux objections et aux doutes sans jamais affirmer ni conclure. Leibniz condamne cet esprit douteur et frivole, et veut des affirmations et des certitudes. « Il ne faut pas douter pour douter, dit-il, il faut que les doutes servent de planche pour arriver à la vérité. » — Aussi, tandis que Bayle ne s'occupe qu'à renverser et à détruire, tout l'effort de Leibniz est de relever et de raffermir. Tous deux sont en dehors de toutes les sectes et de toutes les écoles, — mais le premier par indifférence et par dédain;

le second par un esprit large et conciliateur. Bayle
ne voit que les contradictions qui divisent; Leibniz
aperçoit la vérité qui unit.

Mais, il faut le reconnaître, il y a une inspiration
généreuse au fond du scepticisme de Bayle. S'il
épouse toutes les causes pour les défendre tour à
tour, s'il fournit des armes à tous les partis sans se
déclarer pour aucun, s'il prétend prouver à toutes
les sectes que pas une ne possède la vérité, c'est
avant tout pour arriver à cette conclusion que, toutes
les opinions étant également incertaines, aucune n'a
le droit de s'ériger en juge et de proscrire les autres.
C'est la tolérance qu'il prêche au nom du scepticisme, comme on avait prêché la guerre au nom de
la foi. Son scepticisme, en effet, est moins une doctrine et un système qu'une arme et une tactique
pour combattre l'intolérance. Si l'on n'avait jamais
proscrit l'erreur au nom de la vérité, il n'aurait pas
sans doute songé à être sceptique, mais parce que le
dogmatisme s'est montré persécuteur, il lui déclare
une guerre mortelle; il ne l'attaque pas à découvert
et ne lui livre jamais de bataille rangée, mais il le
harcelle de traits détournés et de combats de détail.
Il ne prétend pas remplacer ce qu'il renverse et substituer une affirmation à une autre, mais il montre
qu'en toutes choses le pour et le contre, le oui et le
non sont également soutenables et proclame l'impuissance de l'homme à posséder la certitude absolue.
Dès lors, il lui est aisé de conclure que personne n'a
le droit de s'imposer aux autres et de persécuter
l'erreur au nom de ce qu'il appelle la vérité; et c'est

là qu'il en voulait venir. — Il se pose ainsi en contradicteur de tous ceux qui affirment, et prétend, comme on l'a dit, conduire les hommes par la contradiction au doute, et par le doute à la tolérance (1).

Tandis que les plus grands docteurs de l'Eglise avaient proclamé l'alliance de la raison et de la foi, Bayle s'attache à creuser entre elles un abîme infranchissable. Il y a, à ses yeux, entre la raison et la foi, une opposition radicale et une contradiction absolue; la foi ne peut être fondée en raison, et la raison est incapable de justifier la foi. La raison, d'ailleurs, ne sait rien édifier de solide; c'est un instrument de destruction et de ruine; elle contredit la foi et se contredit elle-même, et le meilleur usage que nous puissions en faire, c'est de renoncer à nous en servir pour nous jeter aveuglément entre les bras de la foi. « Il faut, dit Bayle, se crever les yeux pour voir clair. » — « Point de raison, c'est la vraie religion. »

Il répète sans cesse que les objections élevées contre la foi sont tout à fait insolubles, et que, pour les chrétiens, le seul moyen de prévenir une défaite c'est de refuser le combat. Il renverse l'un après l'autre tous les arguments sur lesquels on a voulu fonder les vérités de la religion; il s'empare de toutes les objections qu'on leur a faites, et leur prête le secours de sa subtile dialectique. Mais c'est aux diffi-

---

(1) Voir C. Lenient, *Etude sur Bayle*, p. 23 et 235. — Nous croyons devoir ajouter ici que nous prêchons aussi la tolérance, mais au lieu de la réclamer au nom du scepticisme, nous la réclamons au nom de la vérité et de la foi. La vérité ne s'impose pas par la force, et le glaive n'a jamais converti personne. Il faut à la vérité d'autres armes et d'autres moyens; elle demande l'intime conviction de l'esprit et surtout l'adhésion libre du cœur. — Une foi commandée par la contrainte n'est pas la foi.

cultés du redoutable problème du mal qu'il s'attache avec le plus d'insistance; il se plaît à mettre aux prises les manichéens avec les chrétiens et donne toujours l'avantage aux premiers; il accumule comme à plaisir les objections et les doutes, les subtilités et les sophismes et finit par conclure qu'il est impossible de convaincre ces hérétiques par les armes de la raison, et que la seule ressource de leurs adversaires est d'invoquer l'autorité de la foi. « Tout cela nous avertit, dit-il après une longue discussion pleine d'une verve malicieuse et hardie, tout cela nous avertit qu'il ne se faut point commettre avec les manichéens sans établir avant toutes choses le dogme de l'élévation de la foi et de l'abaissement de la raison » (1). C'est là ce que Bayle appelle humilier la raison pour le triomphe de la foi; c'est un sujet qui revient sans cesse sous sa plume, soit dans son *Dictionnaire* (2), soit dans ses *Réponses aux questions d'un Provincial* (3), et partout il conclut dans les mêmes termes, qu'il faut renoncer à la raison si l'on ne veut pas renoncer à la foi.

Tertullien avait dit avant lui : *Credo quia absurdum;* mais ce qui n'était, chez le Père du troisième siècle, que l'expression paradoxale d'une conviction profonde, et, s'il m'est permis de parler ainsi, une boutade de la foi, devient, chez le douteur moderne, une tactique habile pour déclarer la guerre à la foi tout en paraissant combattre pour elle. C'est la foi, en

---

(1) Bayle, t. II, p. 482, édit. de 1820.
(2) Art. *Pyrrhon, Manichéens, Pauliciens, Origène.*
(3) Réponses etc., *Sur le livre de M. King.*

réalité, que Bayle humilie devant la raison, et ce prétendu triomphe qu'il lui prépare est une véritable défaite. Qui ne voit, en effet, qu'en proclamant le divorce absolu de la raison et de la foi et l'impuissance de l'homme à rien affirmer de certain, ce sont les bases mêmes de la foi qu'il ébranle, c'est la foi qu'il livre sans armes et sans défense à toutes les objections et à tous les doutes. L'incertitude, d'ailleurs, ne peut enfanter la certitude; et si l'homme est privé de toute lumière, comment pourra-t-il reconnaître dans la Révélation l'autorité supérieure à laquelle il doit obéir? Bayle était trop clairvoyant pour ne pas voir où conduisait sa doctrine; c'est donc la cause de l'incrédulité qu'il plaide sous prétexte de plaider celle de la foi, et c'est une leçon de scepticisme qu'il donne à son siècle.

Bayle, d'ailleurs, ne trompa personne, et son siècle n'entendit que trop bien la leçon qu'il voulait lui donner. Ses écrits eurent un retentissement immense et provoquèrent de vives colères; on peut s'en convaincre en parcourant les réfutations écrites par Leclerc, par Jaquelot et par Jurieu. Leibniz ne fut pas le dernier à comprendre le péril et à s'en émouvoir. Il avait toujours tenu Bayle en singulière estime; il admirait son érudition étendue et sûre, sa haute impartialité et sa rare pénétration; aussi se montrait-il fort préoccupé de tout ce qu'écrivait l'infatigable publiciste. Déjà il était entré en discussion savante avec lui au sujet de la fameuse hypothèse de l'harmonie préétablie et il n'avait rien épargné pour convertir à son système son illustre adversaire. Il ne put voir, sans en être alarmé, un homme d'un si grand mérite, et dont la parole avait tant d'autorité sur son siècle, saper les fondements de la certitude et mettre en péril les vérités de la foi. Il avait déjà écrit des réfutations partielles des articles du *Dictionnaire* où sont exposées ces dangereuses doctrines (1); il les avait combattues avec éloquence dans ses entretiens avec la reine de Prusse; aussi n'eut-il pas de peine à céder aux instances de ses amis qui le pressaient de livrer au public ces réponses, si fort appréciées par une grande princesse, et il les fit imprimer sous ce titre : *Essais de Théodicée sur la bonté de Dieu, la liberté de l'homme et l'origine du mal.*

Le mot *théodicée* n'existait pas avant Leibniz; il le forma lui-même pour l'inscrire en tête de ses *Essais* et en marquer ainsi d'un seul trait le sens et le but (2). C'est en effet une justification de Dieu, une apologie de sa justice et de sa bonté, entreprise à la double lumière de la raison et de la foi. Et certes, il serait difficile de trouver un plus grand sujet traité avec plus d'élévation et plus de grandeur. Leibniz se fait l'avocat de la raison et de la foi, de la bonté de Dieu et de sa justice, et jamais cause ne fut plaidée avec plus d'éloquence, avec une conviction plus profonde et une ardeur plus généreuse. Il faudrait citer la préface tout entière pour faire sentir tout ce qu'il y

---

(1) M. Foucher de Careil, dans un volume de *Lettres et opuscules inédits de Leibniz*, publié en 1854, a donné quelques-uns de ces fragments, entre lesquels il faut signaler les remarques sur l'article *Pauliciens*, où l'on trouve comme le programme et le résumé de la Théodicée tout entière.

(2) Θέος, δίκη. *Justice de Dieu* ou *justification de Dieu*.

a, dans Leibniz, d'élévation morale et religieuse, de sincère amour des hommes et de Dieu. « Jésus-Christ, dit-il, a voulu que la Divinité fût l'objet non-seulement de notre crainte et de notre vénération, mais encore de notre amour et de notre tendresse. C'était rendre les hommes bienheureux par avance, car il n'y a rien de si agréable que d'aimer ce qui est digne d'amour. L'amour est cette affection qui nous fait trouver du plaisir dans les perfections de ce que l'on aime, et il n'y a rien de plus parfait que Dieu ni rien de plus charmant. Pour l'aimer, il suffit d'en envisager les perfections ; ce qui est aisé, parce que nous trouvons en nous leurs idées. Les perfections de Dieu sont celles de nos âmes, mais il les possède sans bornes : il est un océan dont nous n'avons reçu que des gouttes ; il y a en nous quelque puissance, quelque connaissance, quelque bonté ; mais elles sont tout entières en Dieu. L'ordre, les proportions, l'harmonie nous enchantent ;... Dieu est tout ordre, il garde toujours la justesse des proportions, il fait l'harmonie universelle ; toute la beauté est un épanchement de ses rayons.

« Il s'ensuit que la véritable piété, et même la véritable félicité, consiste dans l'amour de Dieu, mais dans un amour éclairé, dont l'ardeur soit accompagné de lumière » (1). C'est cette piété véritable, source de la véritable félicité, que Leibniz s'efforce de réveiller dans les âmes où elle est trop souvent défigurée et obscurcie. Apprendre aux hommes à connaître Dieu

---

(1) *Théod.*, Préface. Erdm., p. 469.

pour leur apprendre à l'aimer et à trouver leur suprême bonheur dans cet amour, voilà le but de tout son livre. — Les perfections divines ont été voilées et méconnues; des objections spécieuses, mises en œuvre avec un art infini par le plus subtil dialecticien de son siècle, ont jeté le trouble dans les esprits et dans les cœurs; — c'est pour réfuter ces objections et pour raffermir la foi en la justice et en la bonté de Dieu que Leibniz s'est déterminé à écrire, et la pureté de ses intentions le rassure contre les difficultés de sa tâche et les ressources de son adversaire. « On espère, dit-il, que la vérité l'emportera toute nue sur les ornements de l'éloquence et de l'érudition, pourvu qu'on la développe comme il faut; et l'on espère y réussir d'autant plus que c'est la cause de Dieu qu'on plaide, et qu'une des maximes que nous soutenons ici porte que l'assistance de Dieu ne manque pas à ceux qui ne manquent pas de bonne volonté » (1).

Or, cette cause de Dieu que veut plaider Leibniz, Bayle l'avait compromise d'une double manière : en proclamant l'impuissance de la raison à nous donner la certitude et son divorce absolu avec la foi, il avait ébranlé le fondement de la foi elle-même; en donnant aux manichéens l'avantage sur les chrétiens, et en déclarant insolubles les objections qu'ils tirent de l'existence du mal, il avait provoqué les hommes à douter de la justice et de l'amour de Dieu. C'est donc une double réfutation et une double apologie que Leibniz doit entreprendre. Reprenant l'une après

---

(1) *Théol.*, Préface. Erdm., p. 474.

l'autre les deux affirmations de Bayle pour leur opposer deux affirmations contraires, il commencera par établir que la raison possède quelque lumière pour connaître Dieu et qu'elle fonde la foi bien loin de la contredire; puis il montrera qu'il n'est aucune des difficultés soulevées par le problème du mal qui soit invincible et que ne puisse surmonter la raison alliée à la foi. — Bayle, en combattant la raison, avait combattu la foi; Leibniz, pour justifier la foi, doit se faire l'avocat de la raison ; avant d'entreprendre l'apologie des vérités révélées, il doit établir l'accord de la raison et de la foi, pour justifier sa méthode et son entreprise et légitimer l'usage de l'instrument dont il va se servir.

Aussi Leibniz fait-il précéder les *Essais* d'un *Discours sur la conformité de la foi avec la raison*. Ce sont de remarquables pages, où l'éloquence des paroles s'allie à la justesse et à la profondeur des pensées. Leibniz y trace, d'une main sûre, les limites de la raison et de la foi et pose les règles de leurs mutuels rapports. Il affirme qu'elles ne peuvent se contredire, et son ferme langage rappelle les accents d'un Bossuet et d'un Pascal. « Comme la raison, dit-il, est un don de Dieu aussi bien que la foi, leur combat ferait combattre Dieu contre Dieu » (1). « Deux vérités ne sauraient se contredire; l'objet de la foi est la vérité que Dieu a révélée d'une manière extraordinaire, et la raison est l'enchaînement des vérités, mais particulièrement (lorsqu'elle est comparée avec la foi) de celles

---

(1) *Théod.*, Discours sur la conformité de la foi avec la raison. Erdm., p. 491.

où l'esprit humain peut atteindre naturellement sans être aidé des lumières de la foi » (1).

Les mystères révélés ne sont pas conformes seulement à la raison suprême et universelle qui est dans l'entendement divin, mais aussi à notre raison humaine et bornée; « car cette portion de raison que nous possédons est un don de Dieu, et consiste dans la lumière naturelle qui nous est restée au milieu de la corruption; cette portion est conforme avec le tout, et elle ne diffère de celle qui est en Dieu, que comme une goutte d'eau diffère de l'Océan ou plutôt comme le fini de l'infini. Aussi, les mystères la peuvent passer, mais ils ne sauraient y être contraires » (2).

« Les mystères surpassent notre raison, dit encore Leibniz, car ils contiennent des vérités qui ne sont pas comprises dans l'enchaînement des vérités que nous connaissons par la lumière naturelle, mais ils ne sont point contraires à notre raison et ne contredisent à aucune des vérités où cet enchaînement nous peut mener » (3).

Telle est la distinction établie par Leibniz entre ce qui est *contre* la raison et ce qui est *au-dessus* de la raison (4), et voici sur quel principe il se fonde. L'ensemble des vérités forme une chaîne immense et continue, dont les anneaux se suivent et s'entrelacent sans s'interrompre jamais; les plus prochains tombent sous

---

(1) *Théod.*, Discours sur la Conformité de la foi avec la raison. Erdm., p. 479.
(2) *Ibid.*, p. 498.
(3) *Ibid.*, § 63. Erdm., p. 496.
(4) Pascal fait la même distinction et parle le même langage. « La foi dit bien ce que les sens ne disent pas, mais jamais le contraire; elle est au-dessus mais non pas contre. » (*Pensées.* Edit. Havet, art, XIII, 1.)

le regard de notre esprit, mais les plus éloignés sont en dehors de notre horizon et échappent à notre vue. Ces vérités supérieures, que notre raison ne saurait atteindre, nous ne pouvons les connaître que si Dieu nous les révèle pour nous les faire saisir par la foi.

Mais si les vérités révélées sont au-dessus des vérités naturelles, elles ne leur sont pas opposées et contraires; elles dépassent notre raison, elles ne la contredisent pas. Il y a développement et progrès d'une vérité à une autre, il n'y a jamais antithèse et contradiction. Nous retrouvons ici, en effet, cette universelle loi de la continuité à laquelle Leibniz attache tant d'importance, et qui fait, à ses yeux, la nouveauté comme la gloire de sa philosophie. De même que tous les êtres de l'univers forment une série continue de monades analogues s'élevant par un progrès insensible de l'extrême imperfection à la perfection suprême, ainsi les vérités forment une chaîne ininterrompue dont les anneaux s'engendrent les uns les autres selon les lois d'une progression constante. Dans la série des vérités, comme dans la série des êtres, il n'y a jamais, d'un terme à l'autre, opposition tranchée ou brusque hiatus, mais développement graduel et différence imperceptible. Tout l'abîme est dès lors comblé entre la raison et la foi, et l'une conduit à l'autre par une progression continue: des deux parts c'est la même vérité, mais prise à deux points différents de la chaîne; ici, c'est un anneau inférieur et prochain, que notre œil aperçoit sans peine;—là, c'est un anneau éloigné et supérieur où notre vue ne peut atteindre.

Il en résulte que nous ne pouvons rendre compte des vérités révélées ; nous savons qu'elles sont, mais nous ne savons pas pourquoi elles sont ; le fait nous est accessible, mais la raison du fait nous échappe, parce que nous ne connaissons pas tous les termes intermédiaires de la série à laquelle ces faits ou ces vérités appartiennent. Il faut donc renoncer à comprendre les mystères ou à les expliquer ; mais nous pouvons les affirmer et les soutenir et nous devons les défendre contre toutes les objections. Aucune objection ne peut être irréfutable, car une objection invincible deviendrait une démonstration positive à laquelle l'esprit serait forcé de se rendre.

Leibniz est amené par là à établir une seconde distinction qui n'est que la première envisagée sous un autre aspect. Les vérités de la raison sont pour lui de deux sortes : les vérités éternelles qui sont absolument nécessaires, en sorte que le contraire implique contradiction ; et « les vérités qu'on peut appeler *positives*, parce qu'elles sont les lois qu'il a plu à Dieu de donner à la nature ou parce qu'elles en dépendent » (1). Ces dernières ne sont point nécessaires, de cette nécessité logique et absolue qui appartient aux vérités éternelles, mais d'une nécessité relative qui dépend de la volonté de Dieu et que cette volonté peut changer. Il est impossible qu'une vérité révélée contredise ces principes éternels qui ont leur fondement dans l'entendement de Dieu même. Mais il peut arriver qu'une vérité de la foi contredise l'une

---

(1) *Théod.*, Discours sur la Conf., etc. Erdm., p. 480.

des vérités de fait constatées par l'expérience des hommes et qui ne reposent que sur le libre choix de Dieu. Dieu peut faire des miracles dans le domaine de la nature (1); il ne peut produire le contradictoire et l'absurde. Voilà pourquoi, tandis que des objections élevées contre les vérités de la foi au nom des vraisemblances physiques n'ont aucune valeur, une objection tirée des principes éternels et absolus de la raison serait victorieuse et décisive. — La première distinction établie par Leibniz trouve donc dans la seconde son explication et son commentaire : est *contre* la raison tout ce qui contredit les vérités éternelles et leur nécessité absolue; est *au-dessus* de la raison tout ce qui est en dehors du domaine de notre expérience, et ne contredit que les lois physiques de la nature.

---

(1) « Les lois de la nature sont voulues de Dieu, mais les raisons générales du bien et de l'ordre qui l'y ont porté peuvent être vaincues dans quelques cas par des raisons plus grandes d'un ordre supérieur » (*Théod.*, Discours sur la Conf., etc., § 2. Erdm., p. 480). C'est alors qu'il y a miracle. Les miracles rentrent donc en quelque sorte dans l'ordre naturel : ce sont des lois supérieures et plus élevées intervenant pour modifier le cours des lois inférieures. L'ordre et la suite règnent jusque dans les manifestations surnaturelles de la puissance divine, et Leibniz se représente volontiers les miracles comme faisant partie de la série et du détail universel des choses choisies, dès l'origine, par la volonté de Dieu. « Si nous concevons les miracles, dit-il dans une note où il réfute une lettre de Spinoza à Henri Oldenburg, si nous concevons les miracles de telle sorte que Dieu y mette la main comme l'artisan à l'automate qui, sans cela, irait tout de travers, j'avoue que les miracles ne sont conformes ni à la sagesse ni à la nature divine. Mais si nous croyons que toutes choses ont été ordonnées d'avance, en sorte que dans un certain temps, par un concours singulier de causes, il arrive des choses admirables, j'estime que les miracles peuvent se concilier avec la philosophie, si toutefois nous entendons par miracles non pas ce qui est au-dessus de la nature des choses, mais ce qui est au-dessus de la nature des corps sensibles. Car je ne vois pas ce qui empêche que par le ministère d'esprits plus puissants que les nôtres, bien que revêtus d'un corps, il n'arrive du merveilleux. » (Foucher de Careil, *Leibniz, Descartes et Spinoza. Lettres de Spinoza annotées par Leibniz*, p. 260.)

C'est la raison elle-même, ajoute Leibniz, qui nous conduit à nous soumettre à la foi; ce sont ses propres lumières qui lui révèlent ses limites, et lui font reconnaître l'autorité supérieure entre les mains de laquelle elle doit abdiquer la sienne. C'est devant le tribunal de la raison que la Révélation doit justifier ses titres, « à peu près, dit Leibniz, comme un nouveau chef envoyé par le prince doit faire voir ses lettres patentes dans l'assemblée qu'il doit présider par après » (1).

Voilà, sans doute, d'excellentes maximes, pleines de justesse et de sens et que l'on ne saurait désavouer sans péril. Dans la sphère des choses purement humaines, personne ne croit s'il n'a des motifs raisonnables de croire : les uns croient sur le témoignage d'hommes qui leur paraissent compétents et leur inspirent toute confiance; les autres, pour avoir fait par eux-mêmes l'expérience de la vérité; d'autres enfin, parce que leur intelligence est convaincue et leur cœur persuadé; — mais tous appuient leur foi sur une raison plausible qui la légitime à leurs propres yeux. Une foi sans motif, suspendue en quelque sorte dans le vide entre deux nuages, ne serait plus la foi, mais une abdication et presque un suicide. Ainsi en est-il pour la Révélation divine : je ne puis y croire sans savoir pourquoi; il faut qu'elle ait des titres à ma confiance, car avant de m'abandonner à elle, je veux savoir à qui je m'abandonne; j'ai besoin que Dieu me parle, mais il faut que je puisse

---

(1) *Théod.*, Dicours, etc., § 29. Erdm., p. 488.

reconnaître sa voix pour l'écouter et lui obéir. Quand il a rencontré Dieu, l'homme s'incline, se soumet avec joie et trouve souverainement raisonnable d'abdiquer entre les mains d'un plus puissant et plus sage que lui; la Révélation dont il avait jugé les titres devient son juge à son tour et prend le rôle de souveraine qu'elle ne doit plus quitter désormais.

Nous croyons aussi qu'il existe un accord profond entre la raison et la foi. Il n'y pas deux vérités, il n'y en a qu'une. La voix qui parle au fond de notre cœur, et la voix qui nous parle du ciel, s'entr'appellent et s'entre-répondent; notre âme est une révélation divine aussi, et Dieu ne peut combattre contre Dieu. La raison, dans ce qu'elle a de primitif, de supérieur et de divin, trouve dans les vérités de la foi sa satisfaction suprême; elle se trouve dépassée, mais non pas contredite, et elle se sent apaisée par cela même qui la surpasse. Si les mystères de la foi nous paraissent encore pleins de contradictions et de ténèbres, un secret instinct nous avertit que la faute en est à notre raison mutilée et obscurcie, mais qu'un jour viendra où tous les voiles tomberont et où nous contemplerons dans toute leur plénitude les lumineuses harmonies de la vérité.

Nous pouvons donc, en un sens, souscrire aux belles paroles de Leibniz; mais nous avons plus d'une réserve et plus d'une restriction à faire. Et d'abord, nous reprochons à Leibniz d'avoir trop confondu la logique qui vient de l'homme avec la raison qui vient de Dieu ; et cette raison elle-même, il la fait trop abstraite et trop géométrique. Il est toujours dangereux d'appliquer aux réalités qui sont l'œuvre de Dieu et à Dieu lui-même les procédés et les lois qui n'ont de valeur absolue que dans le domaine des abstractions qui sont l'œuvre de l'esprit humain. Ce sont les vérités morales et non les vérités logiques qui sont à la base et au faîte de la science des choses divines; c'est la conscience et le cœur, c'est l'intuition primitive et immédiate de l'ordre moral et de Dieu, qui sont la vraie lumière de l'homme; ou plutôt, c'est l'homme tout entier, avec sa raison, sa conscience et son cœur, qui est fait pour la vérité et qui est capable de reconnaître la voix de Dieu quand elle parle; mais, — et c'est ici surtout que nous nous séparons de Leibniz, — l'homme tout entier, dans l'indissoluble unité de son être, est déchu de sa condition primitive; sa raison, comme son cœur et sa conscience, doit être redressée par la Révélation sous peine d'en être choquée et contredite. C'est en conséquence d'une déviation antérieure de notre nature intellectuelle et morale que la vérité nous paraît contradictoire quand elle se révèle à nous tout entière; l'homme et la vérité se sont perdus de vue, pour ainsi dire, et sont devenus presque étrangers l'un à l'autre; nous pouvons reconnaître la vérité divine, mais cette vérité nous étonne; elle nous heurte en même temps qu'elle nous éclaire; il nous faut refaire notre éducation à son école et redresser cet instrument même par lequel nous avons pu la saisir. — C'est ce que Leibniz a trop oublié. Il confond la raison humaine primitive et idéale avec notre raison actuelle mutilée et amoindrie, et, parti de ce principe que les vérités de la foi ne peuvent contredire la première, il en arrive à ne plus admettre de la Révélation que ce qui peut entrer dans les cadres étroits de la seconde.

Leibniz, d'ailleurs, ne néglige rien pour établir sa thèse, et il se livre à une longue et minutieuse polémique contre Bayle, dont il reprend une à une toutes les affirmations pour les réfuter tour à tour. Il semble même prendre trop au sérieux les arguments de son adversaire; il oublie que Bayle avait pris ailleurs le parti de la raison et avait hautement revendiqué ses droits, et peut-être n'a-t-il pas su voir que ces attaques, souvent contradictoires, dirigées tour à tour contre tous les genres de dogmatisme, n'étaient qu'un moyen d'amener les hommes à ne plus se croire infaillibles et à s'accorder pour leurs opinions diverses une mutuelle tolérance. Quoi qu'il en soit, Leibniz déploie dans cette polémique une grande érudition unie à une grande finesse; on reconnaît à chaque page la pénétration de son esprit et la souplesse de sa dialectique; mais l'on y retrouve surtout la noblesse de ses sentiments et la bienveillante générosité de son cœur; il ne parle de Bayle qu'avec une admiration mêlée de respect et presque de tendresse, et, faisant allusion à sa mort récente, il termine son *Discours* par ces touchantes paroles : « Il est à espérer que M. Bayle se trouve maintenant environné des lumières qui nous manquent ici-bas, puisqu'il y a lieu de supposer qu'il n'a pas manqué de bonne volonté.

Candidus insueti miratur limen Olympi
Sub pedibusque videt nubes et sidera Daphnis.

On n'était pas habitué à ce langage dans un temps où la violence et l'insulte se mêlaient encore aux vivacités de la polémique et où il était assez d'usage de damner ses adversaires pour les mieux réfuter.

En établissant que la raison justifie la foi, bien loin de la contredire, Leibniz vient d'accomplir la première partie de sa tâche, préliminaire indispensable de la seconde; il a posé le fondement, il va construire l'édifice; et, se plaçant sur le terrain de la Révélation chrétienne dont il accepte les données générales, il entreprend une apologie rationnelle et philosophique de la Providence. Cette apologie est le grand objet qui remplit les trois livres des *Essais*, comme aussi les divers opuscules qu'il y ajoute pour compléter ou résumer sa pensée (1).

Prétendre suivre Leibniz pas à pas, et donner une analyse exacte et minutieuse de la Théodicée, ce serait nous condamner par avance à des longueurs infinies et à d'inutiles répétitions; ce serait nous exposer à une confusion et à un désordre qui nous feraient perdre de vue l'enchaînement des idées et les traits essentiels du système. La Théodicée se ressent, en effet, des circonstances où elle fut écrite. Quoiqu'une grande et suprême pensée la traverse tout entière et qu'un même esprit anime toutes ses pages, elle n'est pas le produit d'une inspiration

---

(1) Voici la liste de ces divers écrits: *Abrégé de la controverse, réduite à des arguments en forme. — Réflexions sur le livre que M. Hobbes a publié en anglais: de la Liberté, de la Nécessité et du Hasard. — Remarques sur le livre de l'Origine du mal, publié depuis peu en Angleterre. — Causa Dei asserta per justitiam ejus cum cœteris ejus perfectionibus cunctisque actionibus conciliatam.*

unique et continue ; c'est moins un livre qu'une riche collection de fragments, écrits à diverses reprises et rassemblés plus tard en un brillant faisceau. Il ne faut donc pas lui demander l'ordre et la suite d'un traité de philosophie, ou la méthode précise et rigoureuse d'un système. Leibniz s'y laisse entraîner à l'inspiration du moment et à la facile abondance de sa plume. Le sujet semble épuisé dès la première partie, mais il est repris dans chacune des deux autres, et avec une richesse infinie de développements et de détails qui en fait comme deux livres nouveaux.

Le même caractère se retrouve dans chaque partie considérée en elle-même. Là encore, Leibniz laisse courir sa plume selon le caprice de son heureuse fécondité, et traite son sujet plusieurs fois sans l'épuiser jamais ; il s'arrête, il revient ; il quitte une idée pour la reprendre et pour la quitter encore ; il sème négligemment les digressions savantes et les piquantes anecdotes ; il se perd dans les minutieux détails d'une érudition prodigieuse ou s'égare dans les mille détours d'une infatigable polémique. La grande figure de Bayle est sans cesse devant ses yeux et semble obséder sa pensée ; il s'attache à tous les pas de cet adversaire ; il le suit sur tous les terrains et le presse dans tous ses retranchements ; il n'abandonne un instant le combat que pour le recommencer aussitôt, et il redoute si fort ce dangereux ennemi qu'il ne croit jamais l'avoir assez vaincu.

Aussi éprouve-t-on, à la lecture de la Théodicée, une double impression qui paraît se contredire : l'esprit se sent à la fois captivé et lassé : à l'attrait tout-puissant des plus hautes questions traitées avec l'éclat du génie, se mêlent la fatigue et l'ennui des longueurs et des répétitions inutiles. Le mouvement de la pensée est sans cesse arrêté par le caprice des digressions ou par les retours d'une discussion cent fois quittée et cent fois reprise. L'esprit se fatigue à suivre le brillant penseur à travers ce labyrinthe aux mille détours, et c'est à peine si le charme du langage et la richesse ingénieuse des détails peuvent faire pardonner ce luxe inutile et éblouissant qui surcharge l'œuvre de Leibniz au lieu de l'embellir.

Nous renoncerons donc à donner une analyse de la Théodicée ; nous suivrons une méthode plus simple à la fois et plus lumineuse : négligeant tous les détails et tous les hors-d'œuvre, nous nous attacherons à la question capitale qui fait l'objet de tout le livre, et elle nous servira comme d'un centre pour grouper tout le reste. Ce que Leibniz n'a point fait, parce qu'il ne se proposait pas d'écrire un traité scientifique, nous essayerons de le faire à sa place, et nous substituerons à ce brillant désordre l'ordre et la suite d'une exposition continue ; nous ne nous écarterons ainsi de Leibniz, que pour rendre plus fidèlement sa pensée. Aussi bien, suivrons-nous les indications que donne Leibniz lui-même, et notre plan sera celui qu'il s'est tracé, sans s'y astreindre. « Après avoir réglé, dit-il à la première page des *Essais*, les droits de la foi et de la raison d'une manière qui fait servir la raison à la foi, bien loin de lui être contraire, nous verrons comment elles exercent ces droits pour maintenir et pour accorder ensemble ce que la lumière naturelle et la lumière révélée nous apprennent de Dieu et de l'homme par rapport au mal. L'on peut distinguer les difficultés en deux classes. Les unes naissent de la liberté de l'homme, laquelle paraît incompatible avec la nature divine, et cependant la liberté est jugée nécessaire pour que l'homme puisse être jugé coupable et punissable. Les autres regardent la conduite de Dieu, qui semble lui faire prendre trop de part à l'existence du mal, quand même l'homme serait libre et y prendrait aussi sa part » (1).

Ces paroles montrent fort bien quels étaient le but et le plan de Leibniz. Justifier la sainteté, la justice et la bonté divines que semble accuser la présence du mal dans le monde, voilà le grand dessein qu'il se propose. Mais la question du mal soulève un double problème : il faut que l'homme soit libre pour que Dieu soit juste en punissant le péché, — et comment concilier la liberté humaine avec la nature et les perfections divines ? — En admettant que l'homme soit libre, il reste encore à justifier la part que Dieu prend à la production du mal. — C'est ainsi que Leibniz est conduit à résoudre les difficiles questions que soulèvent la liberté de l'homme et l'existence du mal, pour montrer ensuite que le monde, tel qu'il est, est souverainement digne de la sagesse de Dieu comme de sa puissance et de sa bonté infinie, ou qu'il est le meilleur des mondes possibles. Ce sera donc nous

---

(1) *Théod.*, I, § 1. Erdm., p. 504.

conformer à l'ordre indiqué par Leibniz lui-même, et qui s'imposait naturellement à lui, que de ramener tout le contenu de la Théodicée à ces trois chefs principaux : le problème de la liberté, le problème du mal, l'optimisme.

CHAPITRE II

LE PROBLÈME DE LA LIBERTÉ

La liberté de l'homme est nécessaire à l'explication du mal et à la justification de Dieu. Mais il semble que de nombreuses et invincibles objections s'élèvent de toutes parts contre la liberté humaine.

Elle paraît inconciliable avec la prescience comme avec la providence divines. « La prescience de Dieu rend tout l'avenir certain et déterminé; mais sa providence et sa préordination, sur laquelle même la prescience paraît fondée, fait bien plus; car Dieu n'est pas comme un homme qui peut regarder les événements avec indifférence, puisque rien n'existe qu'en suite des décrets de sa volonté et par l'action de sa puissance » (1).

Ces difficultés ne sont pas les seules : « Quand même on ferait abstraction du concours de Dieu, ajoute Leibniz, tout est lié parfaitement dans l'ordre des choses, puisque rien ne saurait arriver sans qu'il y ait une cause disposée comme il faut à produire

---

(1) *Théod.*, I, § 2. Erdm., p. 504.

l'effet; ce qui n'a pas moins lieu dans les actions volontaires que dans toutes les autres » (1).

Telles sont les contradictions que le fait de la liberté semble porter en lui-même et que Leibniz doit s'efforcer avant tout de résoudre. Pour y parvenir, il s'attache à établir la vraie notion de la liberté, après l'avoir dégagée des erreurs qui souvent l'altèrent et la défigurent.

Et d'abord, il s'élève avec force contre cette prétendue liberté de l'indifférence absolue et du parfait équilibre mise en si grand honneur par l'école cartésienne.

Il la déclare à la fois chimérique et impossible. Elle est chimérique, parce que ce parfait équilibre sur lequel elle se fonde n'existe jamais et ne peut pas exister; « car, dit Leibniz, l'univers ne peut jamais être mi-parti, en sorte que toutes les impressions soient équivalentes de part et d'autre » (2).

Elle est impossible et contradictoire, car elle implique que les actions libres n'ont aucune cause appréciable, aucune raison suffisante, ce qui est absolument inadmissible, et contredit l'un des principes les plus certains de la raison.

Leibniz n'hésite pas à traiter aussi d'illusion et de chimère « le sentiment vif interne » invoqué par les cartésiens en faveur de cette liberté également capable d'agir dans un sens ou dans un autre, en

---

(1) *Théod.*, I, § 2. Erdm., p. 504.
(2) *Théod.*, III, § 307. Erdm., p. 594. Voyez les curieux développements que Leibniz donne à cette idée à propos du sophisme de l'âne de Buridan. *Théod.*, I, § 49. Erdm., p. 517.

dehors de toute considération des motifs. Ce sentiment ne saurait être une preuve, dit-il, car de secrets motifs, des impressions fugitives, qui échappent souvent à notre conscience, déterminent toujours notre volonté. Parce que nous ne sentons pas la force qui nous détermine à agir, nous croyons nous déterminer seuls et par un acte absolument arbitraire ; mais ces raisons secrètes, pour être inaperçues, n'en sont pas moins la seule cause efficace de nos actions.

Aussi bien, en admettant que cette liberté d'indifférence fût possible et fût vraie, serait-elle plutôt une imperfection qu'un bienfait. L'homme deviendrait alors le jouet du caprice et du hasard qui est une espèce de fatalité, de sorte que la liberté suprême se changerait en destin aveugle. Combien une liberté déterminée et réglée par la raison n'est-elle pas supérieure à cette liberté flottante et capricieuse et toujours indifférente à sa propre action !

Après avoir écarté une notion de la liberté qui lui paraît dangereuse autant que chimérique, Leibniz expose ce qu'il faut entendre sous le nom de liberté. « La liberté, dit-il, consiste dans l'*intelligence*, qui enveloppe une connaissance distincte de l'objet de la délibération ; dans la *spontanéité*, avec laquelle nous nous déterminons ; et dans la *contingence*, c'est-à-dire dans l'exclusion de la nécessité logique ou métaphysique. L'intelligence est comme l'âme de la liberté, le reste en est comme le corps et la base. La substance libre se détermine par elle-même, et cela suivant le motif du bien aperçu par l'entendement qui l'incline sans la nécessiter; et toutes les conditions de la liberté sont comprises dans ce peu de mots » (1). Ces quelques mots, en effet, résument toute la doctrine de Leibniz sur la liberté. — La liberté, pour lui, est avant tout une spontanéité consciente d'elle-même. Dans un fragment récemment publié, et dont l'importance est capitale dans la question qui nous occupe, Leibniz donne de la liberté la définition suivante qui est d'une grande portée par sa concision significative : *Libertas est spontaneitas intelligentis* (2).

Nous savons que dans le système de Leibniz toutes les substances sont douées de spontanéité. Chaque monade porte en soi le principe de son activité et tire de son propre fonds la série tout entière de ses modifications successives ; toutes les substances sont en quelque sorte innées à elles-mêmes ; ce sont comme autant de germes d'un développement futur dont l'évolution progressive s'accomplit en vertu de la double force de la perception et de l'appétit, sans que la monade sorte d'elle-même ou subisse aucune influence extérieure. C'est la loi commune de tous les êtres ; et les divers degrés de la perception marquent seuls des différences entre eux, en assignant à chacun son rang dans la hiérarchie universelle.

La perception, obscure et inconsciente aux degrés inférieurs de l'échelle, devient toujours plus distincte et toujours plus claire jusqu'à ce qu'elle ait atteint la conscience et la clarté parfaites dans les êtres doués

---

(1) *Théod.*, III, § 288. Erdm., p. 590.
(2) *De Libertate.* Erdm., p. 669. Voyez aussi Foucher de Careil, *Nouvelles Lettres et opuscules inédits de Leibniz.*

de raison que l'on appelle *esprits*. Comme la raison est la perception arrivée à la conscience d'elle-même, la volonté est l'appétit accompagné de sentiment, et, par le même progrès, la spontanéité s'appelle liberté lorsqu'elle est devenue consciente ou intelligente. C'est ce que Leibniz exprime lui-même dans le fragment que nous citions tout à l'heure : *Itaque quod spontaneum est in bruto vel alia substantia intellectus experte, id in homine, vel in alia substantia intelligente, altius assurgit et liberum appellatur* (1).

Ainsi l'unique différence qui distingue les êtres libres de ceux qui ne le sont pas, c'est l'intelligence ou la raison, c'est-à-dire la conscience qu'ils ont de leur propre activité. Partout dans l'univers règne la spontanéité; partout c'est la même évolution d'un germe primitif qui se développe par une force intérieure et infaillible : tout s'y enchaîne par une série continue de causes et d'effets. Mais dans les êtres libres, et en eux seuls, la monade assiste, pour ainsi dire, au spectacle de son propre développement; elle perçoit distinctement les causes qui déterminent à chaque instant son action et les fins que cette action réalise; elle a conscience que ces déterminations lui viennent d'elle-même, et c'est cette conscience de sa spontanéité qui fait sa liberté. *Quatenus quid per se determinatur, eatenus spontaneum vel (si intelligens sit) liberum est* (2).

Ainsi se vérifie l'universelle loi de la continuité ; toutes les monades sont par essence analogues et

---

(1) *De Libertate.* Erdm., p. 669.
(2) *Ibid.*

identiques et ne se distinguent entre elles que par de simples différences de degrés. Tout se passe dans les êtres libres comme dans les autres monades. Comme la perception produit l'appétit ou l'effort vers l'action, ainsi le jugement détermine la volonté; comme le mouvement dans les corps est la résultante de toutes les forces combinées qui les sollicitent, ainsi l'action, dans les êtres libres, est la résultante de toutes les impressions qui les invitent à agir. — Le bien, plus ou moins distinctement aperçu, est ce qui nous détermine à vouloir. Si la perception est obscure ou confuse, c'est un moindre bien, c'est le plaisir égoïste et sensuel, qui nous attire et nous entraîne; si la perception est claire et lumineuse, c'est un bien supérieur, c'est l'amour désintéressé de l'harmonie universelle, c'est l'amour des hommes et l'amour de Dieu. Mais c'est toujours l'intelligence du but à atteindre qui détermine l'action, c'est toujours le motif le plus fort ou le dernier jugement de l'esprit qui incline et entraîne la volonté.

Nous ne pouvons avoir aucune influence directe sur notre volonté (1), et le seul moyen que nous possédions de modifier nos actes, c'est de modifier nos jugements qui les déterminent. Et cela même ne dépend pas directement de nous, le temps seul peut le faire : il nous appartient seulement de laisser l'action suspendue jusqu'à ce que de nouvelles impressions surviennent, qui modifient notre premier jugement, et, par là, l'action qui en est la suite. Mais ces

---

(1) « Nous voulons agir, à parler juste, nous ne voulons pas vouloir. » (*Théod.*, I, § 51. Erdm., p. 517.)

impressions ou ces perceptions, à leur tour, procèdent toutes de la même source : la nature propre de la monade, le germe primitif et fécond qui lui donne son individualité personnelle et distincte. Ici, comme partout, le présent est chargé du passé et gros de l'avenir; ici, comme partout, chaque état de la monade est la suite naturelle et nécessaire de tous ses états antérieurs. Les actions des êtres libres, aussi bien que les mouvements des corps, sont les anneaux d'une chaîne infinie qui se déroule par un progrès infaillible et continu, et les êtres libres eux-mêmes ne sont qu'un anneau de la chaîne immense qui part du néant pour aboutir à Dieu. « Tout est donc certain et déterminé par avance dans l'homme, comme partout ailleurs, et l'âme humaine est une espèce d'automate spirituel » (1).

Cette expression est significative et nous donne une idée fort exacte de ce que Leibniz entend par la liberté.—Il se sert encore d'une autre comparaison qui jette un nouveau jour sur sa pensée. L'homme, dit-il, est semblable à une aiguille aimantée qui croirait se tourner librement vers le nord. Bayle avait comparé l'homme à une girouette pensant se mouvoir elle-même, alors qu'elle n'obéit qu'au souffle du vent. Spinoza l'avait comparé à une pierre lancée par une fronde et s'imaginant se diriger elle-même à travers l'espace. Mais ces deux comparaisons impliquent que l'homme, quand il agit, subit une action extérieure, puisque le vent et la fronde agissent du dehors sur la

---

(1) *Théod.*, I, § 52. Erdm., p. 517.

girouette et sur la pierre. Or, c'est ce que Leibniz ne saurait admettre, car, selon son système, ni l'homme ni aucun être de l'univers ne subissent aucune influence étrangère. Toute monade est à elle-même son propre principe d'action ; si son activité est déterminée d'une manière infaillible, du moins ne l'est-elle que par une loi intérieure de sa propre nature. Voilà pourquoi Leibniz choisit pour terme de comparaison l'automate ou l'aiguille aimantée (1), qui n'obéissent qu'à une force interne, et dont les mouvements, pour être involontaires, n'en sont pas moins spontanés.—Donnez à l'aiguille aimantée ou à l'automate la conscience de ses mouvements et vous aurez la liberté humaine telle que l'a conçue Leibniz.

Il semble qu'une liberté ainsi comprise soit près de se confondre avec la nécessité absolue ; mais Leibniz croit échapper à toute accusation de fatalisme et conserver intact le fait de la liberté en signalant, dans les actes libres, à côté de *l'intelligence* et de *la spontanéité*, un troisième caractère : la *contingence*. Il oppose fortement la contingence à la nécessité. Pour lui, une chose est nécessaire lorsque le contraire en est impossible, c'est-à-dire implique contradiction ; une

(1) Voilà aussi pourquoi, dans sa correspondance avec Clarke, Leibniz abandonne la comparaison de l'âme avec la balance qu'il avait d'abord invoquée, et reconnaît « que les motifs n'agissent point sur l'esprit comme les poids sur la balance, mais que l'esprit agit en vertu des motifs qui sont ses dispositions à agir. » (*Cinquième réplique de M. Leibniz.* Erdm., p. 764.) Et ailleurs, après avoir approuvé la comparaison de la balance employée par Bayle, il préfère cependant comparer l'âme à une force qui fait effort en même temps de plusieurs côtés, mais qui n'agit que là où elle trouve le plus de facilité ou le moins de résistance ; et il cite comme exemple une masse d'air faisant effort pour briser un récipient de verre où elle se trouve comprimée. (*Théod.*, III, § 325. Erdm., p. 599.)

chose est contingente, lorsque son contraire est possible, ou en d'autres termes, lorsqu'elle peut, sans contradiction, exister d'une autre manière. Il n'y a de nécessaire, à vrai dire, que la nécessité métaphysique ou mathématique, dont le contraire est absurde et logiquement contradictoire. Cette nécessité exclut seule la liberté, parce que seule elle exclut la contingence (1). Mais la nécessité hypothétique qui se rapporte aux événements futurs, et la nécessité morale qui n'est que le choix du meilleur, laissent la liberté intacte, parce qu'elles laissent subsister la contingence des faits qu'elles déterminent sans les nécessiter.

Nous examinerons plus tard si la liberté est intacte en effet; pour le moment nous n'avons qu'à exposer l'enchaînement des pensées de Leibniz : nous sommes narrateur avant d'être critique.—Or, Leibniz pense avoir rétabli la vraie notion de la liberté, et se félicite d'avoir dissipé les erreurs et les équivoques qui avaient accumulé tant de ténèbres sur cette épineuse question. La lumière s'est faite, et la tâche de Leibniz est maintenant facile ; il lui est fort aisé, en effet, avec une telle notion de l'activité libre, de concilier la liberté de l'homme avec l'ordre et la liaison universelle des choses comme avec la prescience et la providence de Dieu.

(1) Leibniz va même plus loin encore, et n'hésite pas à dire qu'admettre une nécessité absolue et géométrique, ce ne serait pas abolir la liberté. Si tels effets sont nécessaires, pense-t-il, les moyens qui en sont les causes le sont aussi, et cela lui suffit pour réfuter ce qu'il appelle le *sophisme paresseux*, comme pour établir la légitimité des peines et des récompenses. Voy. *Théod.*, I, § 67. Erdm., p. 511.

Et d'abord, l'ordre et la liaison de l'univers, l'enchaînement continu des effets et des causes, bien loin d'exclure la liberté, en sont au contraire une des conditions essentielles. Si les actes libres, au lieu d'être produits par des déterminations certaines, naissaient par caprice ou par hasard, s'ils étaient, en d'autres termes, des effets sans cause ou sans raison suffisante, ils cesseraient d'être intelligibles ; — et nous savons que la liberté implique l'intelligence de son action. Pour être perçues par l'intelligence, pour être des actes conscients et réfléchis, il faut que les actions libres aient une raison suffisante, et cette raison se trouve dans l'*inclination prévalente* qui détermine la volonté sans la contraindre (1). Sans cette liaison des effets et de leurs causes, qui se retrouve dans les actions volontaires comme partout dans l'univers, il n'y aurait pas de spontanéité intelligente, il n'y aurait pas de liberté.

Leibniz n'éprouve pas plus de difficulté à concilier la liberté humaine avec les perfections divines. Cette liaison des choses qui donne aux actions libres le caractère d'actes conscients et réfléchis, les rend aussi intelligibles à Dieu, et se trouve être le fondement de sa prescience. « Maintenant, que nous avons assez fait voir que tout se fait par des raisons déterminées, il ne saurait y avoir plus aucune difficulté sur le fondement de la prescience de Dieu, car quoique ces déterminations ne nécessitent point, elles ne laissent

---

(1) « Il y a toujours une raison prévalente qui porte la volonté à son choix, et il suffit, pour conserver la liberté, que cette raison incline sans nécessiter. » (*Théod.*, I, § 45. Erdm., p. 516.)

pas que d'être certaines et de faire prévoir ce qui arrivera. Il est vrai que Dieu voit tout d'un coup la suite de cet univers lorsqu'il le choisit, et qu'ainsi il n'a pas besoin de la liaison des effets avec les causes pour prévoir ces effets. Mais sa sagesse lui faisant choisir une suite parfaitement bien liée, il ne peut manquer de voir une partie de la suite dans l'autre...; celui qui voit tout, voit dans ce qui est, ce qui sera » (1).

Dieu, principe premier et suprême des choses, est la science infinie comme il est la toute-puissance; son entendement va au vrai, comme sa puissance va à l'être et sa volonté au bien. Son entendement est la source des essences, comme sa volonté est la source des existences. L'intelligence divine est la région idéale des possibles; tous les possibles, avec les caractères qui distinguent chacun d'eux de tous les autres et la variété infinie de leurs mutuels rapports, sont éternellement présents à la pensée de Dieu, qui en réalise un certain nombre par sa volonté créatrice. Ainsi, la prescience n'est qu'une sorte de vision éternelle par laquelle Dieu aperçoit dans la région immense des possibles ceux que sa volonté doit réaliser un jour. Mais cette vue que Dieu en a, ne modifie en rien la nature et les caractères propres des possibles eux-mêmes; ceux qui sont contingents et libres n'en conservent pas moins la contingence et la liberté. — Dieu voit de toute éternité un Adam pécheur, un Sextus criminel et malheureux, un Pierre

---

(1) *Théod.*, III, § 360. Erdm., p. 608.

qui renie son maître, un Judas qui le trahit et le livre à la mort. Ce sont autant de types idéaux, autant de possibilités éternelles qui sont l'objet de l'entendement divin, — et Dieu sait qu'ils deviendront réels un jour par un acte de sa volonté souveraine. Mais les actions d'Adam, de Sextus, de Pierre et de Judas, pour être éternellement connues de Dieu, n'en sont pas moins contingentes et libres; c'est comme telles que Dieu les aperçoit, et ces caractères mêmes de liberté et de contingence sont compris dans la notion idéale de leur possibilité éternellement présente à l'intelligence divine. — C'est ainsi que Leibniz concilie la prescience et la liberté, et il conclut en disant : « Ni la futurition en elle-même, toute certaine qu'elle est, ni la prévision infaillible de Dieu... ne détruisent point cette contingence et cette liberté » (1). « Dans la région des possibles, dit-il encore, les contingents futurs sont représentés tels qu'ils sont, c'està-dire contingents libres. Ce n'est donc pas la prescience des futurs contingents, ni le fondement de la certitude de cette prescience qui nous doit embarrasser ou qui peut faire préjudice à la liberté » (2).

C'est de la même manière, et d'après les mêmes

---

(1) *Théod.*, I. § 52. Erdm., p. 517.
(2) *Théod.*, I, § 42. Erdm., p. 515. Citons encore ces paroles significatives d'une lettre de Leibniz à Arnauld : « La connexion des événements, quoiqu'elle soit certaine, n'est pas nécessaire, et il m'est libre de faire ou de ne pas faire un voyage; car quoiqu'il soit enfermé dans ma notion que je le ferai, il y est enfermé aussi que je le ferai librement..... Si je ne fais pas ce voyage, cela ne combattra aucune vérité éternelle et nécessaire. Cependant il y aurait une fausseté, si je ne le faisais pas, qui détruirait ma notion individuelle ou complète, ou ce que Dieu conçoit ou concevait de moi avant même que de résoudre de me créer. » (Grotefend, *Briefwechsel zwischen Leibniz und Arnauld*, p. 44.)

principes, que Leibniz concilie la providence ou les décrets de Dieu avec la liberté et la responsabilité humaines. Le décret divin, pas plus que la prescience divine, ne saurait rien changer aux caractères distinctifs de chaque possible, tels qu'ils sont compris dans sa notion idéale éternellement conçue par la pensée de Dieu. La volonté divine réalise les notions de l'entendement divin, en les faisant passer de la région des possibles dans celle des existences réelles ; les êtres raisonnables, dont la notion implique la liberté et la contingence, conservent donc, en se réalisant, ce double caractère de contingence et de liberté. « Puisque le décret de Dieu, dit Leibniz, consiste uniquement dans la résolution qu'il prend d'admettre certains possibles à l'existence par le mot tout-puissant de *Fiat*..., il est visible que ce décret ne change rien dans la constitution des choses et qu'il les laisse telles qu'elles étaient dans l'état de pure possibilité... Ainsi, ce qui est contingent et libre ne le demeure pas moins sous les décrets de Dieu que sous la prévision » (1). — « On n'a pas besoin de science infinie pour voir que la prescience et la providence de Dieu laissent la liberté à nos actions, puisque Dieu les a prévues dans ses idées, telles qu'elles sont, c'est-à-dire libres...; et il n'y a pas plus de difficulté à concilier la liberté avec la providence, parce que le décret de faire exister cette action n'en change pas plus la nature que la simple connaissance qu'on en a » (2).

(1) *Théod.*, I, § 52. Erdm., p. 517.
(2) *Id.*, III, § 365. Erdm., p. 609.

Enfin le concours de Dieu, par lequel il conserve et crée, pour ainsi dire, à chaque instant de nouveau ce qu'il a une fois créé, ne contredit pas davantage la liberté humaine. Dieu, en effet, en réalisant les possibles par une action continue de sa volonté ne change pas leur nature, et les actes libres demeurent libres après leur réalisation à laquelle Dieu a prêté son concours, comme après la prévision et le décret divins. C'est ce que l'auteur de la Théodicée, exprime d'une manière très significative dans le *Discours de métaphysique* qu'il envoyait à Arnauld : « Dieu en concourant à nos actions ordinairement ne fait que suivre les lois qu'il a établies, c'est-à-dire qu'il conserve et produit continuellement notre être, en sorte que les pensées nous arrivent spontanément ou librement dans l'ordre que la notion de notre substance individuelle porte, dans laquelle on pouvait les prévoir de toute éternité » (1).

Leibniz, d'ailleurs, insiste sur la nécessité de reconnaître des causes secondes à côté de la cause première et suprême. Sans doute, c'est Dieu qui donne et conserve à chaque créature la substance qui fait le fond de son être, c'est lui qui donne à chacune la force qu'il lui faut pour dérouler la chaîne tout entière des modifications dont elle porte en soi le germe ; mais les créatures n'en sont pas moins des causes, et les êtres raisonnables des agents libres à qui l'on peut imputer leurs actions. Il faut distinguer avec soin les substances que Dieu produit, et les ac-

---

(1) Grotef., *Briefw.*, p. 183.

cidents que produisent à leur tour les substances. Dieu est la cause unique des réalités et des perfections ; les imperfections et les privations viennent des causes secondes et ainsi « l'on peut dire que les causes secondes concourent à la production de ce qui est limité. » — « Il est bon qu'on prenne garde, ajoute Leibniz, qu'en confondant les substances avec les accidents, en ôtant l'action aux substances créées, on ne tombe dans le spinozisme qui est un cartésianisme outré. Ce qui n'agit point ne mérite point le nom de substance. Si la substance créée est un être successif comme le mouvement ; si elle n'opère point non plus qu'une figure de mathématique ou qu'un nombre ; pourquoi ne dira-t-on pas, comme Spinoza, que Dieu est la seule substance et que les créatures ne sont que des accidents ou des modifications ? » (1)

Ainsi, en repoussant à la fois la liberté d'indifférence et la nécessité métaphysique et absolue, Leibniz a concilié sans peine la liberté de l'homme avec la prescience et la providence divines, comme avec l'ordre et la liaison des choses et le concours continuel de Dieu aux actions des créatures. — Pour résoudre l'antinomie de la liberté et de la nécessité, il en a modifié les termes : la liberté n'est plus qu'une volonté déterminée par la nature primitive de chaque individu ; et la nécessité n'est plus qu'une nécessité morale et bienheureuse, la tendance au bien, le choix du meilleur ; dès lors toute opposition cesse,

---

(1) *Théod.*, III, §§ 392, 393. Erdm., p. 617.

toute contradiction s'efface entre le libre et le nécessaire. — Nos actions sont à la fois déterminées et libres, éternellement certaines et cependant volontaires et imputables : elles obéissent à une loi infaillible, mais cette loi ne leur est pas imposée du dehors et comme par violence ; c'est une loi intérieure et primitive, qui constitue notre nature propre et individuelle. — C'est le déterminisme, sans doute, mais ce n'est pas celui de Spinoza, où toute action spontanée et indépendante est impossible, et où il n'y a place que pour l'activité unique et nécessaire de la substance suprême. C'est un déterminisme qui laisse intactes la spontanéité de l'agent et la contingence de l'action. — Or, Leibniz croit que la spontanéité et la contingence suffisent à exclure le fatalisme. Chaque être est une substance indépendante qui n'a besoin que d'elle-même pour se développer et pour agir : tout individu est prédéterminé par sa propre nature ; il n'est pas façonné du dehors par une puissance étrangère, mais il se façonne lui-même, par une force intérieure, selon le type que renferme son individualité primitive ; il devient infailliblement ce qu'il est ; c'est une virtualité qui se réalise, c'est un germe qui se développe et fait passer en acte toutes les puissances secrètes qu'il recélait de toute éternité dans son sein (1).

Mais si les difficultés soulevées par le fait de la liberté sont désormais éclaircies et résolues pour

---

(1) C'est ce que M. Erdmann, dans son livre intitulé *Leibniz und der Idealismus vor Kant* (ch. I, § 9), a fort heureusement appelé le *suidéterminisme* (*Selbstdeterminismus*).

Leibniz, la seconde partie du problème demeure : comment expliquer le mal et comment justifier Dieu de la part qu'il semble y prendre encore, même en faisant à la liberté de l'homme sa part ?

CHAPITRE III

LE PROBLÈME DU MAL

Le problème du mal est la difficulté capitale de toute théodicée, et cette difficulté grandit encore dans un système comme celui de Leibniz, où tout est déterminé éternellement, et réglé jusque dans ses moindres détails suivant les lois d'une savante et merveilleuse harmonie. Aussi cette question occupe-t-elle la plus grande place dans les *Essais*; elle revient sans cesse sous la plume de Leibniz, et, tour à tour quittée et reprise, sans paraître s'épuiser jamais, elle remplit tout le livre dont elle forme pour ainsi dire le centre et le nœud.

Leibniz commence par reconnaître le fait qu'il s'agit d'expliquer. Il y a dans le monde beaucoup de mal à côté de beaucoup de bien; nous voyons autour de nous le désordre avec la souffrance, le crime avec le malheur. Et si nos regards s'étendent au delà de la terre que nous habitons, ils découvrent encore le mal et la douleur, le châtiment des hommes coupables et le malheur éternel des anges déchus. — Et cependant Dieu est le souverain auteur des choses;

sa puissance va à l'être et sa volonté au bien. Il est à la fois tout-puissant et tout bon. Comment donc le mal est-il venu gâter son œuvre? S'il a pu l'empêcher et qu'il ne l'ait pas voulu, que devient sa bonté? S'il l'a voulu sans l'avoir pu, où est sa puissance? — Si Dieu est l'agent suprême de tout ce qui se fait dans l'univers, s'il donne aux actions de ses créatures tout ce qu'elles ont d'efficace et de réel, n'est-ce pas lui, en définitive, qui est l'auteur des actions coupables et criminelles comme des actions vertueuses? N'y prend-il pas du moins une part absolument incompatible avec sa sainteté et sa bonté souveraines? Enfin, ne suffit-il pas que Dieu ait permis le péché, pour que le péché lui soit imputable, puisque rien ne saurait arriver sans sa permission expresse et positive? — Etait-il de sa bonté et de sa justice de laisser l'homme exposé à une tentation à laquelle Dieu savait qu'il succomberait, alors que cette faute devait avoir d'effroyables et éternelles conséquences?

Telles sont les questions que Bayle avait posées après tant d'autres et qu'il avait déclarées insolubles. — Mais Leibniz ne peut se résigner aussi facilement à l'impuissance, et il croit que c'est le devoir de l'homme de chercher à pénétrer ces redoutables mystères et de s'élever « à travers les nuages d'une raison apparente » jusqu'aux sereines régions où brille la lumière de la sagesse infinie et de la suprême vérité.

Leibniz, d'ailleurs, croit avoir de quoi résoudre ces difficultés et dissiper ces ténèbres. Mais avant d'aborder le problème en face, il cherche à rendre sa tâche plus facile en marquant dans quel esprit il faut l'entreprendre.

« Il ne faut pas, dit-il, être facilement du nombre des mécontents dans la république où l'on vit, et il ne le faut point être du tout dans la cité de Dieu, où on ne peut l'être qu'avec injustice » (1).

Il accuse les hommes d'exagérer à plaisir le mal qu'il y a dans le monde ; ce n'est pas la somme des maux, c'est celle des biens qui l'emporte en définitive : il y a beaucoup plus de maisons ordinaires qu'il n'y a de prisons et d'hôpitaux ; les jours de santé sont infiniment plus nombreux que les jours de maladie — Combien de nos souffrances qui sont imaginaires ou qui sont le résultat de notre propre sottise ! Quant à nos maux réels, ils nous sont, le plus souvent, très salutaires : « Souvent, en effet, un mal cause un bien auquel on ne serait pas arrivé sans ce mal ; souvent même deux maux ont fait un grand bien :

> Et si fata volunt, bina venena juvant.

« Un général d'armée fait quelquefois une faute heureuse…; et ne chante-t-on pas, la veille de Pâques, dans les églises du rit romain :

> O felix culpa, quæ talem ac tantum
> Meruit habere Redemptorem !

« Un peu d'acide, d'âcre ou d'amer, plaît souvent mieux que du sucre ; les ombres rehaussent les couleurs, et même une dissonance, placée où il faut,

---

(1) *Théod.*, I, § 15. Erdm., p. 507.

donne du relief à l'harmonie... Goûte-t-on assez la santé sans jamais avoir été malade? et ne faut-il pas le plus souvent qu'un peu de mal rende le bien plus sensible, c'est-à-dire plus grand?... Ce n'est que le défaut d'attention qui diminue nos biens, et il faut que cette attention nous soit donnée par quelque mélange de maux » (1).

Mais quelque bonne volonté que l'on ait à diminuer la somme des maux pour augmenter celle des biens, quelque ingénieux que l'on soit à prendre le bon côté des choses et à trouver à tout sa raison d'être et son utilité, encore faut-il reconnaître que le mal existe; et, s'il existe, il faut en rendre compte. C'est ce que Leibniz s'efforce de faire.

Il commence par avouer que nous ne pouvons, avec les anciens, faire dériver le mal d'une matière distincte de Dieu et indépendante de lui : puisque nous dérivons tout être de Dieu, la matière et le mal auraient en lui leur principe comme tout le reste. Où trouverons-nous donc la source du mal? « La réponse est, dit Leibniz, qu'elle doit être cherchée dans la nature idéale de la créature, autant que cette nature est enfermée dans les vérités éternelles qui sont dans l'entendement de Dieu, indépendamment de sa volonté. Car, il faut considérer qu'il y a une imperfection originale de la créature avant le péché, d'où vient qu'elle ne peut tout savoir, qu'elle peut se tromper et faire d'autres fautes » (2).

Pour éclaircir et préciser sa pensée, Leibniz dis-

---

(1) *Théod.*, I, §§ 10, 12, 13. Erdm., p. 507.
2) *Id.*, I, § 20. Erdm., p. 509.

tingue trois sortes de mal : le mal *métaphysique*, qui est la simple imperfection, — le mal *physique*, qui est la souffrance, — et le mal *moral*, qui est le péché. — Le mal métaphysique, ou l'imperfection, est implicitement contenu dans la notion même de créature, telle qu'elle est conçue par l'entendement divin. L'imperfection, c'est la limite ; or, toute substance créée doit être nécessairement limitée et finie, car si elle était infinie et illimitée, elle ne serait plus une créature, elle serait Dieu. Dieu seul, en effet, est la substance absolue, qui ne connaît ni imperfection ni limites. — L'imperfection de la créature est donc la condition logique de toute création ; Dieu devait produire des êtres imparfaits, ou s'abstenir de créer. Le mal métaphysique n'est donc pas imputable à la volonté divine et ne contredit en rien sa bonté ; c'est une nécessité de la nature des choses, c'est une loi logique éternellement écrite dans l'entendement de Dieu.

C'est l'imperfection métaphysique qui est la racine du mal physique et du mal moral, en ce sens qu'elle rend l'un et l'autre possibles. Mais ni l'un ni l'autre ne sont nécessaires ; « il suffit, dit Leibniz, qu'en vertu des vérités éternelles, ils soient possibles. Et comme cette région immense des vérités contient toutes les possibilités, il faut qu'il y ait une infinité de mondes possibles, que le mal entre dans plusieurs d'entre eux et que même le meilleur en renferme ; c'est ce qui a déterminé Dieu à permettre le mal » (1).

(1) *Théod.*, I, § 21, Erdm. p. 510.

Il ne faut pas prétendre que, lorsqu'il s'agit de Dieu, permettre et vouloir, c'est tout un; il y a des degrés et comme des opérations diverses dans la volonté divine : Leibniz distingue une volonté *antécédente* ou *primitive,* qui va au bien; et une volonté *conséquente* ou *finale* qui veut et réalise le meilleur (1). Et ici, il nous fait pénétrer le secret des profondeurs divines, et nous fait assister en quelque sorte au mystérieux conseil que Dieu a tenu avec lui-même au moment de créer le monde. Dieu veut le bien, et il le veut d'une volonté primitive, constante, éternelle; sa volonté va au bien, comme sa puissance va à l'être et son entendement au vrai. — Mais, comme il n'est pas seulement puissance et bonté, mais aussi sagesse, il ne veut pas seulement *le bien,* mais le plus de bien possible, c'est-dire *le meilleur.* Aussi suspend-il l'exercice de sa volonté souveraine; il entre, pour ainsi dire, en délibération avec lui-même et demande à son infinie sagesse le conseil qui doit guider sa puissance et sa bonté infinies. C'est alors que recueilli dans son entendement, région idéale des vérités éternelles et des possibilités contingentes, il parcourt la série tout entière des possibles et de leurs combinaisons infinies; il les rapproche, et les compare : il pèse avec soin le bien et le mal; et, quand il a tout vu et tout calculé, il s'arrête enfin à celle de ces combinaisons innombrables qui,

---

(1) Leibniz parle aussi quelquefois d'une volonté *moyenne* qui calcule les diverses proportions du bien et du mal et détermine ainsi la volonté finale ou conséquente.

réalisant la plus grande somme possible de bien avec la moindre somme de mal, répond seule à son dessein, et mérite seule d'être appelée à l'existence par un décret de sa volonté créatrice.

Le meilleur, voilà donc l'unique objet de la volonté divine. — Quant au mal, qui est lié au meilleur en vertu des lois éternelles de la connexion des possibles, il n'est pas directement voulu de Dieu. Dieu le permet, le tolère, le subit en quelque sorte, comme une condition dont il ne peut s'affranchir, mais il ne le veut pas. Le mal, comme le bien, existe dans l'intelligence divine, et il y trouve sa cause idéale; mais il n'est pas voulu par la volonté de Dieu, et il n'arrive à l'existence que par sa liaison avec le meilleur, objet unique du choix divin. — « Ainsi, dit Leibniz, le mal n'arrive que par concomitance, parce qu'il est lié avec de plus grands biens. » — « Dieu est comme un bon sculpteur, qui ne veut faire de son bloc de marbre que ce qu'il juge le meilleur, et qui en juge bien. Dieu fait de la matière la plus belle de toutes les machines possibles; il fait des esprits le plus beau des gouvernements concevables; et par-dessus tout cela, il établit pour leur union la plus parfaite des harmonies. Or, puisque le mal physique et le mal moral se trouvent dans ce parfait ouvrage, on en doit juger que, sans cela, un mal encore plus grand aurait été tout à fait inévitable. Ce mal si grand serait que Dieu aurait mal choisi, s'il avait choisi autrement qu'il n'a fait. Il est vrai que Dieu est infiniment puissant, mais sa puissance est indéterminée ; la bonté et la sagesse jointes la déterminent à produire le meilleur » (1).

Que l'on ne vienne pas objecter ici qu'il est dangereux et coupable de permettre le mal pour qu'il en arrive du bien. Ce qui est vrai pour l'homme aux vues courtes et bornées, cesse de l'être lorsqu'il s'agit de Dieu qui est la sagesse suprême et infaillible. « Par rapport à Dieu, rien n'est douteux, rien ne saurait être opposé à la règle du meilleur, qui ne souffre aucune exception ni dispense. Et c'est dans ce sens que Dieu permet le péché, car il manquerait à ce qu'il se doit, à ce qu'il doit à sa sagesse, à sa bonté, à sa perfection, s'il ne suivait pas le grand résultat de ses tendances au bien, et s'il ne choisissait pas ce qui est absolument le meilleur, nonobstant le mal de *coulpe*, qui s'y trouve enveloppé, par la suprême nécessité des vérités éternelles » (2).

Voilà, semble-t-il, l'origine du mal suffisamment expliquée : le mal métaphysique n'est que l'imperfection ou la limite essentielle à tout ce qui n'est pas Dieu ; c'est la condition logique qui s'impose à Dieu lorsqu'il veut créer quelque chose hors de lui. — Le mal physique et le mal moral sont des conséquences de l'imperfection nécessaire des créatures, et ne sont pas directement l'objet de la volonté divine. Si Dieu veut quelquefois le mal physique, « c'est, dit Leibniz, comme une peine due à la *coulpe*, et souvent aussi comme un moyen propre à une fin, c'est-à-dire pour empêcher de plus grands maux et pour obtenir

---

(1) *Théod.*, II, § 130. Erdm., p. 541.
(2) *Id.*, I, § 25. Erdm., p. 511.

de plus grands biens. La peine sert aussi pour l'amendement et pour l'exemple, et le mal contribue quelquefois à une plus grande perfection de celui qui souffre » (1). Quant au mal moral, Dieu ne le veut jamais, et il le permet seulement comme une condition d'un plus grand bien, comme un terme nécessaire de la série des possibles que son infaillible sagesse a reconnue la meilleure.

Mais ce n'est point assez pour Leibniz; après avoir justifié la volonté créatrice de Dieu, il veut encore justifier sa providence, et, comme il a montré que Dieu n'est pas la cause primitive du mal, il veut montrer aussi qu'il ne concourt pas à sa réalisation actuelle. — Qu'est-ce en effet que le mal? Une limite, une privation. Il n'a donc point de cause efficiente; sa cause est toute négative, toute *déficiente*, comme disaient les scolastiques. Tout ce qui est effectif, tout ce qui a de la perfection, de l'être, de la réalité vient de Dieu; mais la limite et la privation viennent de la créature. La créature, en effet, participe à la fois du néant et de Dieu; elle tient de Dieu la perfection qu'elle possède, elle tient du néant ce que cette perfection a de limité et d'incomplet; en d'autres termes, elle tire de Dieu le bien par qui elle est, et elle tire du néant le mal par qui elle n'est pas. Il en est de la conservation des êtres comme de la création. Dieu communique à chaque instant aux créatures ce qu'elles ont de perfection et de force, d'être réel et véritable; mais ce qu'elles ont d'imparfait, de défec-

---

(1) *Théod.*, I, § 23. Erdm., p. 511.

tueux et de mauvais, ce sont elles qui le produisent par une défaillance continuelle qui tient à leur nature finie et limitée. Leibniz compare cette limitation nécessaire de la créature, cause déficiente de ce qu'il y a de mal ou d'imparfait en elle, aux lois de l'inertie dans les corps. Il prend pour exemple des bateaux diversement chargés, que le courant d'une rivière emporte avec une vitesse inégale. « Le courant, dit-il, est la cause du mouvement du bateau, mais non pas de son retardement; Dieu est la cause de la perfection dans la nature et dans les actions de la créature, mais la limitation de la réceptivité de la créature est la cause des défauts qu'il y a dans son action » (1).

« Lorsqu'on dit, continue Leibniz, que la créature dépend de Dieu en tant qu'elle est, et en tant qu'elle agit..., c'est que Dieu donne toujours à la créature et produit continuellement ce qu'il y a en elle de positif, de bon et de parfait..., au lieu que les imperfections et les défauts des opérations viennent de la limitation originale que la créature n'a pu manquer de recevoir avec le premier commencement de son être... Car Dieu ne pouvait pas lui donner tout, sans en faire un Dieu » (2).

Leibniz trouve dans la liberté de la créature une nouvelle explication du mal moral et une justification nouvelle de Dieu : « Nous pouvons chercher sûrement l'origine du mal dans la liberté des créatures, dit-il; la première méchanceté nous est connue, c'est

---

(1) *Théod.*, I, § 30. Erdm., p. 512.
(2) *Id.*, I, § 31. Erdm., p. 513.

celle du Diable et de ses Anges... La méchanceté vient de ce qui est propre au Diable, ἐκ τῶν ἰδίων, de sa volonté, parce qu'il était écrit dans le livre des vérités éternelles, qui contient encore les possibles avant tout décret de Dieu, que cette créature se tournerait librement au mal, si elle était créée. Il en est de même d'Eve et d'Adam, ils ont péché librement, quoique le Diable les ait séduits » (1). « Dieu a fait l'homme à son image, dit encore Leibniz; il l'a fait droit, mais aussi il l'a fait libre. L'homme en a mal usé, il est tombé, mais il reste toujours une certaine liberté après la chute » (2).

Les mêmes considérations par lesquelles Leibniz a maintenu la liberté humaine à côté de la prescience et du décret divins, lui servent maintenant à justifier Dieu de toute participation à la production du mal. Satan et Adam existaient dans la région des possibles tels qu'ils ont été après le décret divin qui les a appelés à l'existence. Il était enfermé dans la notion du premier qu'il se tournerait librement au mal; et, dans celle d'Adam, qu'il pécherait librement, après s'être laissé séduire par le tentateur. Dieu les a vus l'un et l'autre péchant librement, et l'acte de sa volonté qui les fait passer de la région des possibles dans celle des existences réelles ne change rien à leur nature. Aussi Dieu est-il entièrement innocent du péché de ses créatures; c'est sur elles seules que retombe toute la responsabilité de leurs crimes.

Mais ici une nouvelle difficulté se présente. Si

---

(1) *Théod.*, III, §§ 273-277. Erdm., p. 586, 587.
(2) *Id.*, III, § 277. Erdm., p. 587.

Dieu est innocent du péché d'Adam, comme du crime de Sextus ou de la trahison de Judas, puisque ce sont autant d'actions libres contenues dans la notion idéale et éternelle des êtres qui en sont les auteurs, c'est du moins un acte formel de sa volonté qui a donné l'existence à cet Adam pécheur, à ce Sextus criminel et à ce traître Judas.

Pourquoi, entre tous les possibles, Dieu a-t-il choisi pour les appeler à l'existence des êtres dont la notion ou la nature idéale impliquait le péché et le crime? — Ne pouvait-il pas choisir, au contraire, des anges persévérant dans la sainteté et un Adam victorieux de la tentation? — Si Dieu n'est pas responsable du péché d'Adam, ou du crime de Sextus, il l'est au moins d'avoir donné l'existence à un tel Sextus, et à un tel Adam.

La difficulté est déplacée, mais elle demeure tout entière. Leibniz l'a compris, et pour répondre à cette question nouvelle, il a de nouveau recours à sa théorie du choix du meilleur que nous avons exposée plus haut. Ce monde, dans lequel se trouvent le mal et le péché, n'en est pas moins le meilleur des mondes possibles. C'est la grande doctrine de l'optimisme à laquelle Leibniz a attaché son nom, et qui est le dernier mot de la *Théodicée*. Il vaut donc la peine de nous y arrêter un instant.

CHAPITRE IV

L'OPTIMISME

La doctrine de l'optimisme, telle qu'elle se rencontre dans la Théodicée, peut se ramener à la proposition suivante : le monde actuel est le meilleur des mondes possibles, et voilà pourquoi il existe.

Leibniz arrive à cette formule, et en établit la vérité, par une double voie : par l'expérience et par la raison.

Et d'abord, il prétend démontrer *a posteriori* que le monde où nous vivons est le meilleur et le plus parfait des mondes possibles. Leibniz appelle monde non pas ce petit globe que l'homme habite, mais l'ensemble tout entier des choses existantes, avec la série infinie de leurs développements dans le passé et dans l'avenir. Si, au lieu d'arrêter nos regards aux bornes étroites de l'horizon terrestre, nous pouvions embrasser d'un coup d'œil l'ensemble de cet immense univers, nous comprendrions sans doute l'infinie perfection de l'œuvre divine. Que seraient les douleurs, les désordres et les crimes qui déparent la terre, à côté de l'admirable ordonnance des cieux, de la félicité des créatures bienheureuses et des magnificences de l'harmonie universelle?

Et ici-bas même, en dépit des esprits chagrins qui exagèrent, comme à plaisir, les maux qui nous environnent, n'y a-t-il pas quelque félicité et quelque harmonie, quelques joies et quelques beautés? « J'ose dire, écrit Leibniz, qu'en examinant les choses sans préventions, nous trouverons que, l'un portant l'autre, la vie humaine est passable ordinairement » (1). « Mais, dit-il ailleurs, quand même il serait échu plus de mal que de bien au genre humain, il suffit, par rapport à Dieu, qu'il y a incomparablement plus de bien que de mal dans l'univers » (2). Il ne faut pas, en effet, que l'homme se prenne pour le centre et le but unique de la création. « Il est sûr que Dieu fait plus de cas d'un homme que d'un lion, cependant je ne sais si l'on peut assurer que Dieu préfère un seul homme à toute l'espèce des lions à tous égards. Mais quand cela serait, il ne s'en suivrait point que l'intérêt d'un certain nombre d'hommes prévalût à la considération d'un désordre général répandu dans un nombre infini de créatures. Cette opinion serait un reste de l'ancienne maxime assez décriée, que tout est fait uniquement pour l'homme » (3). Appliquant à toutes les créatures raisonnables ce qu'il dit ici de l'homme, Leibniz ajoute : « Dieu a plus d'une vue dans ses projets; la félicité de toutes les créatures raisonnables est un des buts où il vise,

---

(1) *Théod.*, III, § 260. Erdm., p. 582.
(2) *Id.*, III, § 262. Erdm., p. 582.
(3) *Id.*, II, § 118. Erdm., p. 535.

mais elle n'est pas tout son but, ni même son dernier but. C'est pourquoi le malheur de quelques-unes de ces créatures peut arriver par concomitance et comme une suite d'autres biens plus grands » (1). Et Leibniz parle du mal moral comme il parle de la souffrance : « Il n'y a pas lieu de juger que Dieu, pour quelque mal moral de moins, renverserait tout l'ordre de la nature » (2).

Il ne faut donc pas blâmer l'œuvre divine parce que nous croyons découvrir quelques taches dans ce que nous en voyons ; ces imperfections même qui nous choquent, contribuent à la perfection de l'univers ; telle partie, qui nous semble défectueuse, parce que nous la voyons détachée de l'ensemble, si nous pouvions la contempler à la place qu'elle occupe dans le vaste organisme des choses, nous paraîtrait parfaite et admirablement propre à concourir à la perfection générale.

C'est ainsi que Leibniz établit par l'expérience sa thèse de l'optimisme. Mais, c'est surtout sur des raisons *a priori* qu'il la fonde, car il est moins à l'aise sur le terrain des faits que dans la région des idées.

Il part tour à tour de l'idée du monde et de l'idée de Dieu, et il arrive des deux côtés au même résultat. Le monde est cet ensemble de choses au sein duquel nous sommes plongés. Aucune de ces choses n'a en soi le fondement de son existence ; cette existence n'est pas nécessaire, elle est contingente ; c'est-à-dire que chacun de ces êtres pourrait,

---

(1) *Théod.*, II, § 119. Erdm., p. 535.
(2) *Ibid.*, § 118. Erdm., p. 535.

sans contradiction, exister autrement ; ce qui est vrai de chacun de ces êtres pris en soi, l'est aussi du monde tout entier, qui n'est que la collection ou la somme de ces êtres eux-mêmes.

L'univers pourrait donc, sans contradiction, être différent de ce qu'il est, ce qui revient à dire qu'il y a des univers possibles en dehors de l'univers actuel et que ces univers sont en nombre infini.

Comment concevoir qu'entre tous ces mondes possibles, le nôtre seul ait été appelé à l'existence, à l'exclusion de tous les autres ? Ne faut-il pas qu'il ait été choisi ? Et quelle peut être la raison d'un tel choix, sinon que ce monde est le meilleur des mondes possibles ? Si le monde actuel n'était pas le meilleur, en effet, le choix de ce monde, c'est-à-dire la création elle-même, n'aurait point de raison suffisante, ce qui est inadmissible.

En partant de l'idée de Dieu, Leibniz arrive à la même conclusion. Dieu est la puissance et la bonté souveraines, éclairées par une sagesse infinie ; or, le choix du sage ne peut être déterminé que par le meilleur ; Dieu donc, s'il a créé, a créé le meilleur monde possible.

En définitive, la grande preuve sur laquelle Leibniz fonde l'optimisme, c'est l'existence même du monde actuel, et tout son raisonnement se réduit à ceci : Notre monde est le meilleur, parce qu'il a été créé ; et il a été créé, parce qu'il est le meilleur ; s'il n'était pas le meilleur, il n'existerait pas. — L'idée du meilleur et l'idée de l'existence sont données l'une avec l'autre, elles sont corrélatives et inséparables. « Je ne crois pas, dit Leibniz, qu'un monde sans mal préférable au nôtre soit possible, autrement il aurait été préféré » (1). « Il s'ensuit de la perfection suprême de Dieu qu'en produisant l'univers, il a choisi le meilleur plan possible, où il y ait la plus grande variété avec le plus grand ordre ; le terrain, le lieu, le temps les mieux ménagés ; le plus d'effet produit par les voies les plus simples ; le plus de puissance, le plus de connaissance, le plus de bonheur et de bonté dans les créatures que l'univers en pouvait admettre » (2). « Comme dans les mathématiques, quand il n'y a point de *maximum* ni de *minimum*, rien enfin de distingué, tout se fait également, ou, quand cela ne se peut, il ne se fait rien du tout ; on peut dire de même, en matière de parfaite sagesse, qui n'est pas moins réglée que les mathématiques, que s'il n'y avait pas de meilleur (*optimum*) parmi tous les mondes possibles, Dieu n'en aurait produit aucun » (3).

Après avoir établi l'optimisme, Leibniz le défend contre ses adversaires. Il se donne des peines infinies pour démontrer qu'il y a un nombre immense de mondes possibles, et que parmi ces mondes il en est un qui est le meilleur. Nous ne le suivrons pas dans les longs détours où l'engage cette polémique. Mais il importe de montrer comment il se défend d'anéantir la liberté divine par son principe du meilleur.

Bayle l'avait accusé d'ériger les vérités éternelles

---

(1) *Lettre à Bourguet*, 1714. Erdm., p. 719.
(2) *Principes de la nature et de la grâce*. Erdm., p. 716.
(3) *Théod.*, I, § 8. Erdm., p. 506.

et la règle du meilleur en une sorte de *fatum* faisant obstacle à la volonté divine. « Mais, répond Leibniz, ce prétendu *fatum* n'est autre chose que la propre nature de Dieu, son propre entendement qui fournit des règles à sa sagesse et à sa bonté. Voudrait-on que Dieu ne fût point obligé d'être parfait et heureux ? » (1) « C'est la bonté, dit ailleurs Leibniz, répondant encore aux objections de Bayle, c'est la bonté qui porte Dieu à créer, et cette même bonté jointe à la sagesse, le porte à créer le meilleur. Elle l'y porte sans le nécessiter, car elle ne rend point impossible ce qu'elle ne fait point choisir. Le sage ne veut que le bon. Est-ce donc une servitude quand la volonté agit selon la sagesse ? Et peut-on être moins esclave que d'agir par son propre choix suivant la plus parfaite raison ? L'esclavage vient du dehors, Dieu n'est jamais mû par aucune chose qui soit hors de lui » (2). Ce n'est donc pas une nécessité métaphysique et absolue qui porte Dieu à choisir le meilleur, c'est une nécessité morale et bienheureuse qui, bien loin d'exclure la liberté, est au contraire la liberté parfaite et véritable.

Ainsi, il en est de la liberté divine comme de la liberté humaine, et nous retrouvons ici les grands principes de la psychologie et de la morale de Leibniz. — En Dieu, comme en l'homme, la volonté est déterminée par le bien, et suit le plus grand bien aperçu par l'entendement. Comme la liberté, en l'homme, est la volonté conforme à la raison, la liberté, en Dieu,

---

(1) *Théod.*, II, § 191. Erdm., p. 563.
(2) *Id.*, II, § 228. Erdm., p. 571.

est la bonté conforme à la sagesse. Mais, tandis que l'homme, dont la raison est imparfaite, s'arrête souvent à un bien relatif et inférieur, Dieu, qui est la raison parfaite et la suprême sagesse, ne peut que choisir et exécuter le meilleur, c'est-à-dire le bien absolu et parfait.

Il n'y a donc entre la volonté divine et la volonté humaine qu'une différence de degrés; ou plutôt il y a entre elles toute la distance qui sépare la raison bornée de l'intelligence infinie.

Le but de la Théodicée est donc rempli, et l'optimisme est la conclusion suprême du livre. Dieu est pleinement justifié, et son œuvre est reconnue parfaitement bonne et sage. — Il y a du mal dans le monde, mais ce mal n'est rien au prix de la perfection merveilleuse que ce monde réalise. Ce mal, d'ailleurs, est compris dans la meilleure suite des choses, et Dieu ne pouvait se refuser à lui donner l'existence sans renoncer à créer le meilleur.

La liberté des actions volontaires demeure intacte et la sainteté divine ne souffre aucune atteinte, car Dieu n'est pour rien dans le péché des créatures; il se borne à faire passer de la région des possibles dans le domaine des réalités, des êtres dont la nature idéale implique qu'ils pécheront librement; ils sont méchants et libres avant le décret divin, et ils demeurent tels après ce décret. Et si Dieu se résout à leur donner l'existence, c'est qu'ils entrent comme parties essentielles et intégrantes dans la meilleure suite des choses, la seule que Dieu puisse réaliser. Dieu a embrassé d'un regard la série tout entière des mondes possibles, il a tout pesé à la balance de sa sagesse infinie, et après avoir reconnu que le monde actuel, avec ses biens et ses maux, avec ses créatures méchantes et ses créatures bienheureuses, est la combinaison la plus parfaite et le meilleur univers, il l'a réalisé d'un seul coup, par un acte unique de sa volonté souveraine.

Toute cette théorie se trouve résumée d'une manière lumineuse et frappante dans l'ingénieuse fiction qui termine la Théodicée, et que Leibniz emprunte à Laurent Valla en la continuant. Théodore, grand prêtre de Jupiter, ne pouvant comprendre le décret qui fait de Sextus Tarquin un homme criminel et malheureux, demande à son dieu l'explication de ce mystère. Jupiter le renvoie à sa fille Pallas. « Théodore fit le voyage d'Athènes. On lui ordonna de coucher dans le temple de la déesse. En songeant, il se trouva transporté dans un pays inconnu. Il y avait là un palais d'un brillant inconcevable et d'une grandeur immense. La déesse Pallas parut à la porte, environnée des rayons d'une majesté éblouissante,

>   ... Qualisque videri
> Cœlicolis et quanta solet...

« Elle touche le visage de Théodore d'un rameau d'olivier qu'elle tenait dans la main. Le voilà capable de soutenir le divin éclat de la fille de Jupiter et de tout ce qu'elle devait lui montrer. « Vous voyez ici, « dit-elle, le palais des destinées dont j'ai la garde. Il y « a des représentations, non-seulement de tout ce qui « arrive, mais encore de tout ce qui est possible, et

« Jupiter en ayant fait la revue avant le commence-
« ment du monde existant, a dirigé les possibilités en
« mondes et a fait le choix du meilleur de tous... Ces
« mondes sont tous ici, c'est-à-dire en idées. Je vous
« en montrerai où se trouvera non pas tout à fait le
« même Sextus que vous avez vu, mais des Sextus
« approchants... Vous trouverez dans un monde un
« Sextus fort heureux et élevé, dans un autre un
« Sextus content d'un état médiocre, des Sextus de
« toute espèce et d'une infinité de façons. »

La déesse parcourt avec Théodore plusieurs de ces appartements qui sont des mondes, et lui montre dans chacun un Sextus différent. « Les appartements allaient en pyramide; ils devenaient toujours plus beaux à mesure qu'on montait vers la pointe, et ils représentaient de plus beaux mondes. On vint enfin dans le suprême qui terminait la pyramide et qui était le plus beau de tous. Car la pyramide avait un commencement, mais on n'en voyait point la fin; elle avait une pointe, mais point de base, elle allait croissant à l'infini. C'est, comme la déesse l'expliqua, qu'entre une infinité de mondes possibles, il y a le meilleur de tous, autrement Dieu ne se serait point déterminé à en créer aucun; mais il n'y en a aucun qui n'en ait encore de moins parfaits au-dessous de lui; c'est pourquoi la pyramide descend à l'infini. Théodore entrant dans cet appartement suprême se trouva ravi en extase; il lui fallut le secours de la déesse : une goutte d'une liqueur divine mise sur la langue le remit. Il ne se sentait pas de joie. « Nous
« sommes dans le vrai monde actuel, dit la déesse,

« et vous y êtes à la source du bonheur. Voici Sextus
« tel qu'il est et tel qu'il sera... Vous le voyez al-
« lant à Rome, mettant tout en désordre, violant la
« femme de son ami. Le voilà chassé avec son père,
« battu, malheureux. Si Jupiter avait pris ici un
« Sextus heureux à Corinthe ou roi en Thrace, ce ne
« serait plus ce monde. Et cependant il ne pouvait
« manquer de choisir ce monde, qui surpasse en per-
« fection tous les autres, qui fait la pointe de la pyra-
« mide ; autrement Jupiter aurait renoncé à sa sa-
« gesse, il m'aurait bannie, moi qui suis sa fille. Vous
« voyez que mon père n'a point fait Sextus méchant ;
« il l'était de toute éternité, il l'était toujours libre-
« ment ; il n'a fait que lui accorder l'existence que sa
« sagesse ne pouvait refuser au monde où il est com-
« pris ; il l'a fait passer de la région des possibles à
« celle des êtres actuels. Le crime de Sextus servira
« à de grandes choses ; il en naîtra un grand empire
« qui donnera de grands exemples. Mais cela n'est
« rien au prix du total de ce monde, dont vous admi-
« rerez la beauté, lorsque après un heureux passage
« de cet état mortel à un autre meilleur, les dieux
« vous auront rendu capable de la connaître » (1).

Leibniz aime à contempler cette souveraine beauté
de l'œuvre divine ; il trouve de nobles accents pour
célébrer la sagesse de Dieu et sa bonté infinie, et pour
persuader aux hommes d'aimer ce Dieu si aimable,
et de chercher dans cet amour même leur véritable
félicité. « La plus magnifique partie des choses, la

(1) *Théod.*, III, §§ 414-416. Erdm., p. 622.

cité de Dieu, offre un spectacle dont un jour nous serons enfin admis à connaître et à admirer de plus près la beauté, éclairés par la lumière de la gloire divine... Mais ici-bas, du moins, plus nous comprenons que c'est non-seulement la puissance et la sagesse de l'Etre suprême, mais aussi sa bonté qui agit, plus nous nous échauffons de l'amour de Dieu, plus nous nous enflammons à imiter quelque peu sa divine bonté et sa parfaite justice » (1).

(1) *Causa Dei asserta.* Erdm., p. 63.

CHAPITRE V

CRITIQUE DE LA THÉODICÉE AU POINT DE VUE DU LEIBNIZIANISME

Nous avons vu comment Leibniz a résolu les redoutables problèmes qui se sont posés devant lui, et nous aurons à examiner si la solution qu'il propose est satisfaisante. Mais avant de faire la critique de la Théodicée au nom des principes et des faits qui s'imposent à toute philosophie sérieuse, il faut la faire au point de vue du leibnizianisme lui-même, et nous demander si elle s'accorde ou non avec le système métaphysique de son auteur.

C'est là, en effet, une question fort débattue; à cet égard, comme à d'autres encore, la Théodicée a provoqué les jugements les plus divers et les plus contradictoires. Objet de l'admiration des uns et du mépris des autres, elle a été proclamée tour à tour ce qu'il y a de plus faible, et ce qu'il y a de plus grand dans la philosophie de Leibniz. Les uns (1) prétendent qu'elle ne se rattache par aucun lien réel à l'en-

---

(1) Voyez L. Feuerbach, *Darstellung, Entwicklung und Kritik der Leibn. Philosophie.* Leipzig, 1848.

semble du leibnizianisme, dont elle contredit les principes et les résultats ; les autres (1) affirment qu'elle en est une partie essentielle, et forme comme le couronnement de tout l'édifice. Les premiers y voient une concession malheureuse faite par un libre penseur à l'orthodoxie de son siècle ; les seconds y reconnaissent l'expression sérieuse et réfléchie d'une pensée toujours conséquente avec elle-même. Il en est d'autres enfin pour qui la Théodicée n'est qu'un jeu d'esprit frivole, un paradoxe brillant soutenu avec tout l'éclat du génie (2).

Cette dernière opinion ne vaut pas l'honneur d'être discutée. Il est évident pour tout lecteur de bonne foi que la Théodicée est une œuvre sérieuse et sincère. Mais la question de l'accord de ses doctrines avec la métaphysique de Leibniz peut être posée, et il n'est pas inutile de l'examiner ici.

Il semble, en effet, au premier abord, que de graves et profondes oppositions éclatent entre la Théodicée et la monadologie. Dieu, sa nature et ses rapports avec le monde des choses finies nous y apparaissent sous des aspects tout différents.

Le Dieu de la monadologie est le premier anneau de la chaîne immense des monades ; c'est la force absolue et primitive où toutes les forces finies et dérivées trouvent tout ensemble leur point de départ et leur point d'appui. C'est la monade suprême d'où

---

(1) C'est l'opinion de MM. Secrétan, H. Ritter, Erdmann, K. Fischer. Ce dernier surtout s'est attaché à mettre en lumière la profonde unité du système tout entier de Leibniz.

(2) Pfaff et Leclerc. Voy. Erdm., Præfatio, p. xxv.

procèdent toutes les autres, et qui produit le monde par une sorte de rayonnement éternel. « Dieu seul est l'unité primitive, ou la substance simple originaire, dont toutes les autres monades créées ou dérivées sont des productions. Elles naissent, pour m'exprimer ainsi, par des fulgurations continuelles de la Divinité » (1).

Ne touchons-nous pas ici à cette doctrine de l'émanation, ou de la production naturelle et nécessaire du monde par un rayonnement continu de la vie divine, qui est l'une des formes les plus célèbres du panthéisme? Qui ne voit, en effet, combien la manière dont s'exprime Leibniz est significative? Ce terme de *fulgurations* est une image sans doute, mais c'est une image volontairement choisie entre mille autres, et qui de tout temps a été employée par les partisans des théories émanatistes. — Des substances particulières dérivant par une sorte de fulguration continue d'une substance unique et suprême, qu'est-ce autre chose que la doctrine du rayonnement et de l'émanation si justement suspecte de panthéisme?

Si l'on nous reproche de faire à Leibniz une querelle de mots, et de lui attribuer, au nom d'une expression isolée, une doctrine qui ne fut jamais la sienne; nous répondrons qu'il s'agit ici, non de l'homme, mais du système, non des convictions personnelles de Leibniz, qui a toujours protesté contre le panthéisme, mais des conséquences où conduisent logiquement ses principes. C'est, en un mot, un procès de ten-

---

(1) *Monadologie*, § 47. Erdm., p. 708.

dance, et l'on sait que les procès de tendance sont légitimes en philosophie.

C'est moins, en effet, au nom d'une expression, dont la portée d'ailleurs n'échappe à personne, qu'au nom de sa théorie même de la substance que nous accusons Leibniz d'aboutir, quoiqu'il s'en défende, à une conception panthéistique de l'origine des choses. Si Dieu est la monade suprême, ses attributs et sa nature doivent être la nature et les attributs de la monade. Or, la monade est une substance simple, concentrée en elle-même, incapable à la fois d'agir au dehors et de subir une influence étrangère. C'est une force toujours en action, mais dont toute l'action consiste à percevoir; elle passe sans cesse d'une perception à une autre, et toutes ces perceptions s'engendrent mutuellement par une succession infaillible; c'est une chaîne qui se déroule sans être jamais interrompue; c'est une évolution intérieure et idéale dont les phases diverses se produisent l'une l'autre avec une rigueur mathématique.

Il ne saurait en être autrement en Dieu. Dieu est aussi une force toujours active, mais il ne peut agir hors de lui-même; son activité est intérieure, représentative et idéale; c'est une suite infinie de perceptions, c'est une évolution continue de la pensée. Comme dans les substances particulières, percevoir, c'est agir, de même en Dieu, créer est synonyme de percevoir; et comme il ne peut s'empêcher de percevoir, il ne peut s'abstenir de créer. Dès lors le monde cesse d'être le produit d'un acte positif de la volonté divine pour devenir une conséquence nécessaire de l'activité éternelle de Dieu. C'est un rayonnement continu de la vie divine, ce n'est plus une création. Et ce déploiement de Dieu s'accomplit tout entier au sein de Dieu même : l'univers n'a plus qu'une existence idéale et les choses sont réduites à n'être que les perceptions ou les pensées de Dieu. « C'est, comme on l'a dit, un songe bien réglé que Dieu rêve éternellement. Loin d'être une production libre, la monade n'est plus même une production du tout; c'est une perception, et les êtres des images » (1).

Ces conséquences idéalistes et panthéistiques de la théorie des monades avaient été signalées par Maine de Biran, dans les pages si remarquables et si profondes qu'il a consacrées à Leibniz. Il a fort bien vu que pour Leibniz, — comme pour les panthéistes de l'école moderne en Allemagne, — la logique se confond avec la métaphysique, et les lois de la pensée avec les lois de l'être (2), d'où il résulte que l'univers n'est plus que l'enchaînement des pensées divines : et Maine de Biran invoque comme témoignage cette significative parole de Leibniz lui-même : *Quum Deus calculat et cogitationem exercet fit mundus* (3).

Leibniz, d'ailleurs, dans son *Discours de métaphysique*, qui est un morceau capital pour l'intelligence de son système, développe ce qu'il se borne à indiquer ici, et tire à demi les conséquences de ses propres principes. « Toutes les autres substances, dit-il,

(1) Ch. Secrétan, *La philosophie de Leibniz*, p. 88.
(2) On connaît la théorie hégélienne de l'évolution de l'idée et le fameux axiome : Tout ce qui arrive est rationnel; tout ce qui est rationnel arrive.
(3) *De stilo philosophico Nizolii*.

dépendent de Dieu, comme les pensées émanent de notre substance. » — « Les substances créées dépendent de Dieu qui les conserve, et même qui les produit continuellement par une manière d'émanation, comme nous produisons nos pensées. Car Dieu... regardant toutes les faces du monde de toutes les manières possibles..., le résultat de chaque vue de l'univers, comme regardé d'un certain endroit, est une substance qui exprime l'univers conformément à cette vue » (1).

Ainsi, à suivre avec rigueur et jusqu'au bout la théorie des monades, la création du monde devient un acte immanent et nécessaire de Dieu, une évolution éternelle de la pensée divine ; les substances finies perdent toute leur réalité, et l'univers se peuple d'illusions et de chimères.

Et pour que l'on n'accuse pas notre critique de sévérité injuste et excessive, citons le jugement d'un homme dont le nom fait autorité en ces matières, et qui, de plus, est un grand admirateur de Leibniz : « Dieu conçu comme la monade suprême dont toutes les monades finies sont des fulgurations continuelles, est-ce là, dit M. Saisset, une pensée entièrement exempte d'erreur et de péril ? Je crains d'y trouver quelque analogie avec la nature naturante de Spinoza. Si Dieu, en effet, est défini la force absolue, puis-je concevoir cette force autrement qu'en acte ? N'est-il pas de l'essence d'une force de se développer ? Mais, alors que devient la notion de l'Etre

---

(1) *Disc. de métaphysique.* Grotef., p. 187 et 167.

tout parfait, de ce principe immuable, accompli, qui se suffit pleinement à soi-même et n'a besoin de rien autre que soi?

« ..... Je demande aussi à Leibniz comment ces monades, qui sont par définition des unités simples, peuvent expliquer l'étendue et le mouvement. Il me dira que l'étendue et le mouvement ne sont rien d'absolu, mais de simples phénomènes, des apparences fugitives pareilles à l'arc-en-ciel. Dites le mot, Leibniz. Ce sont pour vous de pures illusions. — Or déjà, à vous en croire, l'influence que je crois exercer sur mes membres est une illusion. L'action et la réaction perpétuelles des êtres de la nature les uns sur les autres, illusion. J'habite donc un monde d'illusions! Et qui sait donc si le Dieu que je me représente comme le centre vivant et actif de ce monde, n'est pas, lui aussi, une illusion? » (1)

Voilà donc Leibniz retombé dans les erreurs qu'il a si victorieusement combattues, et l'adversaire de Spinoza préparant de loin Schelling et Hegel.

Comment expliquer un retour si soudain et une si étrange inconséquence? Nous croyons en trouver la raison dans la définition même que Leibniz donne de la substance. C'est là, en effet, tout ensemble le côté fort et le côté faible de son système; c'est l'immortelle conquête qui, en faisant la gloire de Leibniz, a marqué un progrès dans l'histoire de la pensée, mais c'est aussi le principe secret de ruine que recèle la philosophie leibnizienne. — Leibniz définit la sub-

---

Essai de philosophie religieuse, p. 244, 245.

stance : une force toujours en action ; — et, par cette grande doctrine de l'activité substantielle des monades, il fait rentrer à flots la lumière et la vie dans l'univers abstrait et mort enfanté par la géométrie de Descartes, comme il réfute d'un mot le système tout entier de Spinoza. Mais cette activité, il la définit par la perception ; il en fait une puissance représentative et idéale, en vertu de laquelle l'univers tout entier vient se réfléchir dans chaque substance ; c'est donc une activité purement passive, et la réalité substantielle des créatures s'évanouit pour ne laisser à sa place que des idéalités et des phénomènes. Ainsi, Leibniz détruit d'une main ce qu'il avait élevé de l'autre ; il renverse le principe même qu'il avait si victorieusement établi, et par là il détourne le courant de sa philosophie qui doit désormais aboutir à un fatalisme digne de Spinoza, ou à un panthéisme idéaliste digne de Fichte et de Schelling.

Tout autre paraît être le point de vue de la Théodicée. — Dieu n'est plus la monade suprême, foyer vivant d'où rayonnent toutes les autres, premier anneau de leur chaîne infinie. Il est au-dessus et en dehors des monades ; c'est une intelligence et une volonté ; c'est l'être parfait qui se suffit à lui-même dans l'éternel épanouissement de ses perfections divines.

Le monde, à son tour, n'est plus la production nécessaire de l'activité de Dieu et le développement idéal de sa pensée éternelle : il est le produit d'un acte libre et créateur. Leibniz, en effet, prend pour point de départ la réalité positive du mal, et cette réalité implique nécessairement que le monde n'est pas l'épanouissement naturel de la vie divine, mais une création distincte de Dieu, et dont Dieu demeure distinct.

La contradiction semble formelle; mais elle s'efface et disparaît devant un examen plus attentif de la Théodicée. Leibniz, en effet, est infidèle aux principes qu'il paraît accepter tout d'abord, et ses *Essais* ne tiennent pas ce qu'ils semblent promettre : la création perd son véritable sens, comme le mal sa réalité.

— En écrivant son livre, Leibniz se propose de prouver que le monde est une œuvre libre et sage, mais il prouve en définitive que c'est une œuvre nécessaire.

C'est le résultat auquel le conduit logiquement l'application universelle de son principe de la raison suffisante. — Rien n'existe sans raison, et sans une raison telle qu'elle permette de déterminer *a priori* ce qui doit exister (1). Aussi ne suffit-il pas que la libre volonté de Dieu soit la raison de l'existence du monde : il faut encore trouver une raison qui détermine *a priori* l'objet de la volonté divine; il faut que le monde ait en lui-même, et aux yeux de Dieu, une raison suffisante d'exister. Cette raison suffisante, c'est la perfection relative du monde que Dieu a choisi. Il y a une infinité d'univers possibles qui tous prétendent à la fois à l'existence, mais le meilleur de ces univers a seul le droit d'exister en effet, et de déterminer le choix de Dieu. — Le choix du meilleur,

---

(1) « En premier lieu, le principe de contradiction, et en deuxième lieu que rien n'est sans raison ou que toute vérité a sa preuve *a priori*. » (Grotefend, *Briefwechsel*, p. 85.)

telle est la loi de la volonté divine et cette loi est nécessaire. C'est donc la logique intérieure des choses qui détermine le monde, ce n'est pas Dieu qui le choisit. Peu importe que Leibniz parle encore de création et de choix : dès qu'une loi nécessaire se substitue à la liberté divine, il n'y a plus ni choix ni création véritables; les mots demeurent, mais la réalité a disparu.

Leibniz, il est vrai, prend soin de distinguer la nécessité *morale*, loi de la volonté divine, de la nécessité *métaphysique*, loi de l'entendement divin ; mais il ne s'aperçoit pas qu'il substitue la seconde à la première, et que tout se ramène, en définitive, à des lois logiques et absolues, où la liberté et le choix n'ont aucune part. — L'entendement divin est la région des possibilités idéales et des vérités éternelles. Là règne une nécessité métaphysique et immuable à laquelle Dieu même ne saurait rien changer, car Dieu n'est pas l'auteur de son propre entendement, et ne peut en modifier les lois : les rapports des possibles entre eux, leur convenance et leur disconvenance, la perfection relative qui résulte de leurs combinaisons diverses, tout cela est indépendant de la volonté divine, tout cela obéit à des lois logiques, nécessaires et absolues.

La volonté de Dieu transforme en réalités ces possibilités idéales; elle est la source des existences, comme son entendement est la source des essences; c'est le royaume des vérités contingentes où règne la nécessité morale, comme l'entendement est la région des vérités éternelles et le domaine de la nécessité logique. — Mais le choix par lequel la volonté divine réalise une série de possibles est déterminé par une raison suffisante, c'est-à-dire par la perfection supérieure qui rend cette combinaison préférable à toutes les autres ; et cette perfection, à son tour, est déterminée par des rapports nécessaires et des lois éternelles absolument indépendantes de la volonté divine. C'est donc le principe de contradiction qui fonde et détermine le principe de la raison suffisante ; c'est une nécessité métaphysique qui se substitue à la nécessité morale, et c'est aux vérités éternelles qu'obéit la volonté de Dieu.

Cette confusion de la nécessité morale et de la nécessité métaphysique, cette annulation de la volonté divine au profit de l'entendement divin, est si bien le dernier mot du système de Leibniz, que souvent il explique la production des choses par une sorte de mécanisme métaphysique où la volonté de Dieu n'a aucune part. Dans un écrit intitulé : *De rerum originatione radicali*, il montre comment du *vrai métaphysique*, ou des possibilités idéales, procède le *vrai physique*, c'est-à-dire les réalités actuelles. La possibilité ou l'essence implique un effort vers l'existence : chaque possible, en vertu d'une loi logique et intérieure, tend à devenir réel. Mais tous ces possibles ne peuvent se réaliser à la fois : il en est qui s'excluent et se contredisent mutuellement ; de là, une sorte de lutte entre des prétentions rivales qui ne peuvent pas toutes être satisfaites, une fermentation générale de forces opposées et contraires, d'où résulte la réalisation de la série des possibles qui renferme en soi la plus grande somme d'être ou de perfection. En réalité, il n'y a pas une infinité de mondes possibles, mais un seul : le plus parfait de tous ; car il n'y a qu'une seule combinaison qui renferme le *maximum* de l'être et de la perfection, et c'est la seule qui puisse se réaliser ; toutes les autres sont de fait contradictoires et impossibles. La création n'est donc plus le produit d'un acte libre de la volonté divine, c'est une résultante de forces; c'est la solution d'un problème de mécanique ou d'algèbre ; c'est une équation éternellement posée et éternellement résolue par l'entendement divin; c'est l'évolution logique des possibilités idéales devenant par une loi intérieure et nécessaire de vivantes réalités.

C'est ce que Leibniz appelle lui-même un *mécanisme métaphysique* ou une *mathématique divine* (1).

La Théodicée, en dépit de son point de départ, et malgré les efforts que fait Leibniz pour maintenir la création et le choix divin, aboutit au même résultat et contient la même doctrine. — La raison suffisante qui détermine la volonté de Dieu à créer le meilleur

---

(1) « Omne possibile exigit existere, et proinde existeret, nisi aliud impediret quod etiam existere exigit et priori incompatibile est; unde sequitur semper eam existere rerum combinationem qua existunt quam plurima. » (*De verit. primis.* Erdm., p. 99.) « Omnia possibilia pari jure ad essentiam (l. existentiam) tendere pro quantitate essentiæ, seu realitatis, vel pro gradu perfectionis quem involvunt.— Et ut possibilitas est principium essentiæ, ita perfectio seu essentiæ gradus (per quem plurima sunt compossibilia) principium existentiæ. Ex his jam mirifice intelligitur quomodo in ipsa originatione rerum, mathesis quædam divina seu mecanismus metaphysicus exerceatur. » (*De rerum originat. rad.* Erdm., p. 148.) — « Tous les possibles prétendent à l'existence dans l'entendement de Dieu à proportion de leur perfection. Le résultat de toutes ces tendances doit être le monde actuel, le plus parfait qui soit possible. » (Dut., II, II, p. 36.)

est précisément identique à la résultante de ce mécanisme métaphysique, à l'issue de cette lutte idéale des possibles dont parle ailleurs Leibniz. C'est donc l'entendement divin avec ses vérités nécessaires qui usurpe le rôle de la volonté divine et de son libre choix. Comme nous le disions tout à l'heure, la nécessité logique et absolue prend la place de la nécessité morale et bienheureuse. Dieu ne fait pas un choix entre plusieurs mondes possibles, il donne l'existence au seul monde qui puisse exister; il ne peut choisir autrement, ce qui veut dire qu'il ne choisit pas du tout. La raison suffisante du monde le rend nécessaire au même titre que l'évolution logique des possibilités idéales. Or, dire que la création du monde est nécessaire, c'est la nier en effet. Si Dieu ne peut pas s'abstenir de créer, s'il ne peut produire qu'un certain monde infailliblement déterminé par des lois nécessaires, la création n'est plus un acte libre de la volonté divine ; c'est une forme éternelle de la vie en Dieu, une nécessité logique de sa nature ; — ce n'est plus une création.

Ainsi, nous sommes ramenés par les principes mêmes de la Théodicée aux résultats de la théorie des monades ; sur la question capitale de la création, ou des rapports de Dieu avec les êtres finis, il y a entre les *Essais* et la *Monadologie,* avec une contradiction apparente, une réelle et profonde unité.

Ou plutôt, la doctrine de la Théodicée corrige celle des monades en la complétant. La théorie leibnizienne de la substance, rigoureusement appliquée à Dieu, conduit à une évolution idéale de la pensée divine enfantant un monde d'abstractions et d'images. Pour sortir de cet idéalisme absolu, Leibniz a recours à un acte divin qui donne aux possibilités idéales leur réalité actuelle. Dieu, par un acte transcendant et créateur, réalise la possibilité éternelle du monde; il porte l'univers en lui-même, dans les profondeurs divines de sa pensée, et sa volonté le fait sortir de cette région idéale pour lui donner une existence effective et réelle. Mais c'est par une loi nécessaire que les possibles s'organisent en monde dans l'entendement divin, et c'est encore par une loi nécessaire que la volonté divine transforme ce monde idéal en monde réel.—Ainsi Dieu fait tout, mais il ne fait rien librement. Sans lui, rien ne serait possible et rien ne serait réel; mais avec lui, tout est nécessaire, tout se développe par une loi logique, infaillible, absolue. Son rôle se réduit en quelque sorte à donner aux possibilités éternelles un brevet d'existence; il est l'exécuteur obligé d'une harmonie nécessaire (1); il est comme l'organe central et profond d'où la vie s'épand et circule dans l'organisme universel; il n'est pas le libre créateur de cet organisme lui-même (2).

(1) Dieu se confond alors avec l'harmonie universelle, et Leibniz assimile quelquefois l'un des termes à l'autre : « Amor Dei *sive* harmoniæ rerum. » Et encore, dans le dialogue inédit intitulé : *Confessio philosophi :* « Non est amantis Deum *seu* harmoniam universalem..... »

(2) Nous retrouvons cette théorie tout entière esquissée avec une clarté et une précision parfaites dans le dialogue inédit entre *Théophile et Polydore* que nous avons déjà signalé, et que M. le comte Foucher de Careil a bien voulu nous communiquer. « Feignons, dit Théophile, qu'il y ait des êtres possibles, A, B, C, D, E, F, G, également parfaits et prétendant à l'existence, dont il y a d'incompatibles A avec B, et B avec D, et G avec C. Je dis qu'on pourrait les faire exister deux ensemble de quinze façons : AC, AD, etc.; ou bien, trois ensemble, des manières suivantes :

Ainsi Leibniz n'a pas deux systèmes, quoique son système se présente sous deux aspects différents.

La Théodicée s'accorde avec la théorie des monades qu'elle complète et qu'elle achève. Elle n'est donc pas, comme on l'a prétendu, une décoration inutile et mensongère jetée après coup sur l'édifice élevé par Leibniz ; c'est une pierre vive de l'édifice lui-même, dont elle forme le couronnement.

Toutes les divergences de détail viennent se perdre dans une grande et profonde unité. Ce sont partout les mêmes principes conduisant aux mêmes résultats ; c'est partout la loi du progrès et de l'harmonie, mais d'une harmonie nécessaire et d'un progrès infaillible. La nécessité règne de la base au faîte de l'édifice. Dieu réalise, en vertu d'une nécessité morale, un monde qui a droit à l'existence en vertu d'une nécessité métaphysique et absolue. Ce monde lui-même est un vaste ensemble de forces

ACD, ACE, etc.; ou bien quatre ensemble de cette seule suite A C D E, laquelle sera choisie parmi toutes les autres, parce que par là on obtient le plus qu'on peut ; et par conséquent, ces quatre A, C, D, E, existeront préférablement aux autres, B, F, G. Donc, s'il y avait quelque puissance dans les choses possibles pour se mettre en existence et pour se faire jour à travers les autres, alors ces quatre l'emporteraient incontestablement ; car dans ce combat, la nécessité même ferait le meilleur choix possible, comme nous voyons dans les machines, où la nature choisit toujours le parti le plus avantageux pour faire descendre le centre de gravité de toute la masse autant qu'il se peut. — Mais les choses possibles, n'ayant point d'existence, n'ont point de puissance pour se faire exister, et par conséquent, il faut chercher le choix et la cause de leur existence dans un être dont l'existence est déjà fixe, et par conséquent, nécessaire d'elle-même. »

Ainsi, c'est la nécessité qui fait le choix des possibles et de leur combinaison la meilleure. Cette combinaison existe de *droit*; Dieu intervient par sa volonté toute-puissante et la fait exister de *fait*. — Tel est, croyons-nous, le véritable point de vue de Leibniz, celui qui concilie ensemble la théorie des monades et la doctrine de la Théodicée, et nous montre dans la seconde le complément indispensable de la première.

formant une chaîne indissoluble et continue, et se développant par une évolution spontanée et infaillible. A tous les degrés de l'échelle des êtres, c'est la même loi; la même spontanéité et la même nécessité; le même but poursuivi par les mêmes moyens; l'harmonie universelle réalisée par le concours conscient ou inconscient, instinctif ou réfléchi, de toutes les créatures, monades analogues que des différences insensibles séparent. — C'est en effet l'application universelle de la loi de la continuité qui fait l'unité comme l'un des périls de la philosophie de Leibniz. Tout est lié dans l'univers comme dans les substances individuelles, tout s'enchaîne par un progrès infaillible et continu; toutes les oppositions disparaissent et toutes les distances s'effacent; il n'y a plus entre les êtres des différences de nature, mais de simples différences de degrés : l'échelle de la perception marque les rangs dans la hiérarchie universelle. Tous les êtres tendent au bien; la conscience plus ou moins claire de leur activité spontanée et du but qu'ils poursuivent, établit seule des différences entre eux. C'est une progression infinie qui s'élève de l'extrême imperfection jusqu'à la perfection suprême; c'est une évolution universelle et harmonique des êtres vers le bien absolu à travers tous les degrés de l'échelle immense des biens inférieurs. Minéraux, plantes, animaux, hommes et anges, soleils et planètes accomplissent la même tâche et se développent suivant la même loi. Chaque monade, avec la série de ses modifications successives; chaque homme, avec toute la suite de ses actions; chaque être, quel qu'il soit, esprit ou matière, âme ou corps, avec le progrès tout entier de son évolution intérieure, est un rouage nécessaire de la machine universelle où le dernier grain de sable tient sa place et joue son rôle au même titre que le premier des esprits. L'harmonie de l'univers fait la félicité de chacune des créatures en même temps qu'elle fait la gloire du Créateur. Tout est réglé, tout est infaillible dans cette magnifique ordonnance du monde; tout y est bon, tout y est parfait, parce que tout y est nécessaire; ou plutôt, toutes choses y tendent vers la perfection : c'est un développement immense dont Dieu est le terme et le but; c'est un mouvement continuel de la vie vers celui qui en est la source et le centre; c'est une perfection toujours croissante et jamais accomplie, mais qui trouve dans ce progrès même son éternelle et suprême perfection. — On peut appliquer au développement universel des choses, ces paroles de Leibniz sur la vie future : « La suprême félicité ne saurait jamais être pleine, parce que Dieu étant infini, ne saurait jamais être connu entièrement. Aussi notre bonheur ne consistera jamais et ne doit pas consister dans une pleine jouissance où il n'y aurait plus rien à désirer, et qui rendrait notre esprit stupide, mais dans un progrès perpétuel à de nouveaux plaisirs et à de nouvelles perfections. »

Mais au sein de ce système, si fortement lié dans toutes ses parties, et où se retrouvent toujours les mêmes principes sous la variété infinie de leurs applications, on pourrait relever des contradictions intérieures qui sont comme autant de germes secrets de ruine (1). — Dieu est à la fois une monade semblable aux autres, et un être absolument distinct des monades et supérieur à elles. — Le monde actuel est le meilleur entre une infinité de mondes possibles, et il se trouve qu'il n'y a de monde possible que celui qui existe réellement (2). — La monade, enfin, est tout ensemble l'activité absolue et la passivité complète, une substance indépendante qui impose des lois à Dieu, et une forme passagère de l'activité divine (3).

Et que dirons-nous d'une contradiction fondamentale qui frappe d'impuissance le système tout entier de Leibniz et le réduit à n'être qu'une pure hypothèse ? — Toute monade est finie ; sa puissance de perception n'embrasse qu'un horizon très étroit du vaste univers dans le sein duquel elle est plongée ; or, en vertu de la liaison et de la correspondance universelle des choses, il faut, pour connaître la moindre partie de l'ensemble, connaître parfaitement l'ensemble lui-même, — ce qui n'appartient qu'à Dieu. Dieu seul peut donc être l'auteur d'une monadologie qui soit exacte et vraie. Leibniz ne le peut, ni personne. — Aussi peut-on dire, pour parler une langue étrangère qui commence à devenir française, que, si le système de Leibniz est objectivement vrai, il est

---

(1) M. K. Fischer, qui a le mieux montré l'harmonieux enchaînement des diverses parties du leibnizianisme, est le premier à les relever.

(2) Voyez ci-dessus, p. 127. Voyez encore Ritter, *Geschichte der Philosophie*, vol. XII, p. 135.

(3) C'est ce qui explique comment Leibniz aboutit par un côté de son système aux doctrines mêmes de Spinoza qu'il a si victorieusement combattues, tandis qu'il se rapproche par un autre côté de l'atomisme de Démocrite ou d'Épicure.

subjectivement impossible ; — ce qui signifie que, si la monadologie est la vérité, c'est une vérité dont nous ne pourrons rien savoir.

Nous avons marqué la place de la Théodicée dans l'œuvre de Leibniz et son accord fondamental avec les doctrines de la monadologie. — Il faut maintenant juger la Théodicée elle-même et en discuter les résultats. Cette dernière partie de notre tâche nous sera plus facile, maintenant que nous avons reconnu l'unité essentielle du système de Leibniz et sa tendance générale ; nous savons quelle est l'idée mère et tout ensemble l'erreur capitale du leibnizianisme, c'est connaître par avance le vice secret de la Théodicée. Aussi, malgré des apparences contraires, malgré le point de départ du livre et les points de vue divers qui s'y rencontrent, malgré les vérités qu'on y semble admettre, et le langage chrétien qu'on y emploie, pourrons-nous découvrir l'erreur cachée qui fait de l'optimisme de Leibniz l'optimisme de la nécessité et du fatalisme absolu.

Nous aurons à nous demander alors s'il faut désespérer de l'optimisme, ou s'il est possible de le reconstruire sur de plus solides fondements.

TROISIÈME PARTIE

—

DISCUSSION DE L'OPTIMISME

TROISIÈME PARTIE

DISCUSSION DE L'OPTIMISME

CHAPITRE PREMIER

CRITIQUE DE L'OPTIMISME DE LA THÉODICÉE

Le but de Leibniz, en écrivant les *Essais,* est d'expliquer l'existence et l'origine du mal ; il commence par en poser la réalité comme un fait ; c'est là le point de départ de tout son livre, dont le nom même de Théodicée n'aurait plus de sens, si rien dans l'œuvre divine ne semblait accuser son auteur. Mais c'est là une inconséquence avec les principes de sa philosophie ; aussi la logique reprend-elle bientôt ses droits, et se venge-t-elle d'avoir été méconnue en contraignant Leibniz à renverser ce qu'il vient d'établir, et à paraître se contredire au moment même où il redevient conséquent. — A peine Leibniz a-t-il reconnu le fait redoutable qu'il s'agit d'expliquer, qu'il le fait disparaître aussitôt, et tranche le problème en effaçant l'un des termes.

Après avoir distingué trois sortes de mal, le mal

métaphysique, le mal physique et le mal moral, il réduit la souffrance et le péché à n'être qu'une suite naturelle et nécessaire de l'imperfection métaphysique ; et cette imperfection, à son tour, n'est que la limite essentielle à la créature, qui ne peut exister hors de Dieu qu'à la condition de ne pas être infinie comme lui. Les créatures forment ensemble une chaîne immense et continue parcourant, d'anneau en anneau, tous les degrés de l'être, depuis le néant jusqu'à Dieu. Dieu seul est l'être suprême, l'activité absolue sans mélange de passivité, le bonheur et la sainteté parfaite sans mélange de mal et de souffrance ; mais tout ce qui n'est pas Dieu participe du néant en même temps que de Dieu ; l'imperfection que chaque être tire de lui-même vient toujours limiter la perfection qu'il reçoit de Dieu. A tous les degrés de l'échelle, l'activité est limitée par la passivité, le plaisir par la souffrance, le bien par le mal, l'être par le néant.

Le mal n'a donc rien de positif, c'est une privation et une limite ; le mal est, comme la matière, la condition de la différence, de la pluralité et de l'harmonie ; c'est un degré inférieur dans l'échelle progressive et infinie de la perfection ; c'est un moindre bien, comme la douleur est un moindre plaisir et la passivité une moindre activité ; c'est un bien infiniment petit, comme le repos est l'infiniment petit du mouvement ; c'est un progrès et un effort vers le bien, comme l'inertie est un effort et un progrès vers l'action.

Comme toute activité tend à l'être, toute volonté tend au bien ; la seule différence qui sépare les êtres entre eux, est une différence de clarté dans la perception du bien vers lequel ils tendent ; la seule supériorité de l'homme sur les êtres inférieurs à lui, c'est la raison, qui lui donne conscience de son effort vers le bien. — L'action est déterminée par la résultante des diverses tendances au bien qui sollicitent la volonté ; une action ne saurait donc être mauvaise, à proprement parler ; elle ne peut être que moins bonne. A tous les degrés de l'échelle des êtres, c'est le bien qui se réalise ; mais ici, c'est un bien relatif, incomplet, inférieur ; là, c'est un bien supérieur et plus parfait ; plus haut encore, c'est le bien suprême et absolu (1). Il en est de même dans la série des actions humaines : nous n'avons plus affaire qu'à des nuances et à des degrés dans le bien ; toute opposition radicale et absolue entre le bien et le mal s'abîme dans la grande loi de la continuité. C'est un mouvement harmonique et progressif de la vie ; c'est une chaîne immense qui remonte jusqu'à Dieu ou qui descend de lui. — Il n'y a pas plus de place pour le mal dans l'univers que pour le vide ou le repos. L'optimisme, dès lors, se confond avec le fatalisme : tout est parfait dans le monde parce que tout y est nécessaire, et la question du mal est résolue parce qu'elle ne peut plus se poser.

Ce sont des résultats que Leibniz désavoue, mais auxquels conduisent logiquement ses principes. Ce

---

(1) « La volonté tend au bien en général ; elle doit aller vers la perfection qui nous convient, et la suprême perfection est en Dieu. Tous les plaisirs ont en eux-mêmes quelque sentiment de perfection ; mais lorsqu'on se borne aux plaisirs des sens, ou à d'autres, au préjudice de plus grands biens, comme de la santé, de la vertu, de l'union avec Dieu, de la félicité, c'est dans cette privation d'une tendance ultérieure que le défaut consiste. » (*Théod.*, I, § 33. Erdm., p. 513.)

sont les fruits des périlleuses doctrines de la continuité et de l'harmonie, et de cette application universelle du principe de la raison suffisante, qui transforme la nécessité morale et bienheureuse en nécessité logique et absolue.

Aussi, négligeant toutes les doctrines particulières de la Théodicée, pourrions-nous la résumer ainsi : le mal n'est que la limitation essentielle à toute créature ; c'est la loi même de la création, du progrès et de la vie, et la création, à son tour, est un résultat logique et nécessaire de la nature et des perfections divines.

Réduit à ces termes, il est facile d'apprécier la valeur philosophique de l'optimisme de Leibniz. Toutes les raisons, en effet, qui valent contre le système de la nécessité et contre le panthéisme valent aussi contre la Théodicée.

Que l'homme interroge sérieusement sa conscience, et il saura qu'il y a entre le bien et le mal une distinction positive et absolue. — Une loi est écrite au fond de nos âmes, et ses prescriptions nous obligent malgré tous les sophismes de notre esprit et toutes les faiblesses de notre cœur. Il est une voix secrète que le bruit des passions ne parvient pas à étouffer pour toujours, et qui, longtemps méconnue, éclate pourtant à la fin avec une soudaine puissance : c'est un maître qui ordonne, c'est un juge qui accuse et qui condamne ; et nous sentons alors que le mal est autre chose qu'un moindre bien, une phase nécessaire de notre développement moral, une loi naturelle du progrès et de la vie. Ou le remords, avec ses angoisses cruelles et ses douloureux aiguillons, n'est qu'une illusion et une chimère, un vain fantôme évoqué par une imagination maladive, ou il faut reconnaître que le mal moral est une sérieuse réalité, une violation positive d'une loi expresse, obligatoire et divine, un acte librement voulu et volontairement accompli, mais que nous ne devions ni vouloir, ni accomplir. — Que les doctrines de la Théodicée tendent à effacer cette distinction radicale entre le mal et le bien, et à enlever au mal toute réalité positive, c'est ce que la logique démontre; mais la conscience proteste, et il n'y a pas de système qui puisse tenir contre les protestations de la conscience.

La réalité du mal moral implique la réalité de la liberté. Nous nous sentons coupables parce que nous nous sentons libres. Le remords chez un être dépourvu de liberté serait un non-sens, puisque le remords n'est rien autre chose que la douleur d'avoir librement voulu ce que l'on ne devait pas vouloir. La liberté, comme la distinction absolue du bien et du mal, est un de ces faits de conscience qui s'imposent à nous avec une autorité irrésistible et que l'on ne saurait méconnaître sans folie. Nier la liberté, ce serait renverser le fondement sur lequel repose l'édifice tout entier des sociétés, des institutions et des lois, et se mettre en contradiction flagrante avec le sentiment universel du genre humain. — Or, nous savons qu'il n'y a pas de place pour la liberté dans le système de Leibniz; l'optimisme de la Théodicée a pour dernier mot la négation de la liberté comme la négation du mal.

Mais il y a plus : ce n'est pas seulement la liberté qui périt, et la distinction essentielle du bien et du mal qui s'efface, c'est encore la personnalité divine qui est gravement compromise ; l'optimisme de Leibniz renferme des semences de panthéisme.

Le Dieu de Leibniz, en effet, n'est pas vraiment libre et vraiment créateur. Le monde, avec le détail infini de ses biens et de ses maux, s'impose, en quelque sorte, à lui du dehors ; ou plutôt, c'est une nécessité intérieure et logique qui impose à Dieu la création du monde. L'entendement divin conçoit un ordre unique et parfait, une sorte de *maximum* métaphysique, et la volonté de Dieu le réalise. De même qu'il n'y a qu'un *maximum* dans les mathématiques, il n'y a qu'une seule combinaison des possibles qui soit le meilleur univers ; et la volonté divine, qui ne peut manquer de produire le meilleur, ne peut réaliser que cet univers. Il faut ajouter, pour être conséquent, que, par cela seul qu'il y a une combinaison des choses qui est la meilleure, Dieu ne peut lui refuser l'existence. La raison suffisante du monde, comme nous l'avons dit plus haut, rend le monde nécessaire.

Dès lors, Dieu n'est plus créateur au sens souverain et absolu ; son rôle se borne à réaliser une harmonie idéale et primitive avec laquelle il finit par se confondre ; au lieu d'être une volonté libre, il n'est plus que la force suprême d'où procèdent toutes les forces, la loi immuable et l'ordre universel des choses, le premier anneau d'une chaîne infinie qui se déroule par une évolution éternelle et infaillible (1).

---

(1) Nous n'ignorons pas que l'on pourra nous opposer bien des passages de la Théodicée où la liberté divine et la souveraineté de l'acte créateur sont explicitement affirmées, et nous croyons à la parfaite sin-

Et cependant nous portons en nous l'idée d'un Dieu libre, distinct du monde et supérieur à lui, qui est une intelligence et une volonté, une personne réelle et vivante revêtue de sainteté et d'amour. — Ne sommes-nous pas nous-mêmes des volontés libres, des êtres personnels et moraux ? Et d'où viendrait la personne humaine si Dieu n'était pas une personne morale et libre ? La créature serait plus parfaite que son Créateur ; l'homme deviendrait le Dieu véritable, et nous serions conduits, par une conséquence nécessaire, à ce système impie dans lequel Dieu n'est qu'un germe obscur qui se développe, une forme vide qui devient successivement toutes choses, un Dieu qui *se fait* dans l'espace et dans le temps, et qui, après de longues et laborieuses évolutions, arrive enfin en l'homme à la pleine conscience de lui-même et à la parfaite divinité.

Il est inutile d'insister davantage sur une réfutation qui nous semble trop facile, et qui d'ailleurs a été faite mille fois ; car elle porte moins sur la Théodicée elle-même que sur ces doctrines fatalistes et panthéistes, toujours combattues et toujours vivantes, qui s'imposent en secret à ceux-là même qui les désavouent, et qui semblent l'immortel écueil de la philosophie. — Aussi bien, pour montrer l'erreur et le péril d'un système, il suffit de le convaincre d'a-

cérité de Leibniz quand il proclame ces doctrines. Mais il n'en demeure pas moins vrai que sa théorie des possibilités éternelles, son principe du *meilleur* et de la raison suffisante, conduisent, comme sa théorie de la substance et des monades, à une conception panthéistique de l'origine des choses fort périlleuse pour la doctrine de la libre personnalité de Dieu.

boutir au panthéisme; une fois conduite jusqu'à ce point, la réfutation peut passer pour achevée, aux yeux de tous les hommes doués d'une âme religieuse et d'une conscience droite.

Cependant, comme Leibniz a toujours désavoué les conséquences de son système, — dont, sans doute, il n'avait pas lui-même conscience, — ce n'est point assez de montrer qu'elles conduisent au panthéisme, et de condamner ainsi les principes par leurs résultats; il faut encore suivre Leibniz à travers ses propres inconséquences, qui l'honorent en même temps qu'elles l'accusent, et signaler l'impuissance de ses efforts pour sauvegarder les principes qu'il a au fond méconnus. — Ce sera tout ensemble faire une critique plus détaillée et plus directe de la Théodicée, et justifier la critique générale que nous en avons déjà faite. On ne saurait, en effet, nous accuser d'être injuste envers Leibniz ou de ne l'avoir pas compris, si nous parvenons à montrer que malgré toutes ses protestations et tous les soins qu'ils se donne, il ne peut échapper au fatalisme et au panthéisme dont ses doctrines recèlent les germes secrets.

Le mal, nous l'avons dit, n'existe pas, et ne peut pas exister dans le système de Leibniz.

Mais le mal est une réalité qui nous enveloppe si bien de toutes parts, qu'il est difficile d'en nier absolument l'existence; Leibniz n'a pas la hardiesse de le faire, et, par une inconséquence qu'il est facile de s'expliquer, il pose en fait la réalité du mal; il reconnaît qu'il y a dans le monde du désordre et de la douleur, des souffrances et des crimes; c'est là le point de départ de la Théodicée, et tout l'effort de son livre est d'établir que le monde, tel qu'il est, avec ses biens et ses maux, est le plus parfait et le meilleur des mondes possibles.

Dans une argumentation où il épuise toutes les ressources de son esprit, mais qui est assurément plus ingénieuse que solide, il s'efforce de restreindre et d'amoindrir autant que possible ce mal qu'il ne peut s'empêcher d'apercevoir dans le monde : ce sont des ombres qui font ressortir les riches couleurs du tableau ; ce sont des dissonances jetées çà et là avec art pour rendre l'harmonie plus parfaite. Qu'est-ce d'ailleurs que la somme des souffrances comparée à la somme infiniment plus grande des biens, des félicités et des joies? Et Leibniz calculant, en quelque sorte, les profits et les pertes, conclut que le bien l'emporte incomparablement sur le mal.

Il affirme que le bien de l'espèce est plus précieux que le bien de l'individu, et justifie ainsi la nature qui sacrifie souvent les individus aux espèces; il détourne ses regards des imperfections de détail pour les reporter sur la majestueuse perfection de l'ensemble. Il pèse à la balance les tourments des réprouvés et la béatitude des élus, et il trouve les souffrances des premiers plus légères que la félicité des seconds. Il ose même mettre en parallèle les esprits intelligents et libres, et les êtres dépourvus de conscience et de liberté, et il écrit ces étranges paroles : « On suppose sans preuve que les créatures destituées de raison ne peuvent point entrer en comparaison et en ligne de compte avec celles qui en ont. Mais pourquoi ne se pourrait-il pas que le surplus du bien dans les créatures non intelligentes, qui remplissent le monde, récompensât et surpassât même incomparablement le surplus du mal dans les créatures raisonnables? Il est vrai que le prix des dernières est plus grand; mais, en récompense, les autres sont en plus grand nombre sans comparaison; et il se peut que la proportion du nombre et de la quantité surpasse celle du prix et de la qualité. » — « Il se peut, dit-il encore, que dans la comparaison des heureux et des malheureux, la proportion des degrés surpasse celle des nombres, et que dans la comparaison des créatures intelligentes et non intelligentes, la proportion des nombres soit plus grande que celle des prix » (1).

Que dire de cette étrange balance établie entre le nombre et le prix, entre la quantité et la dignité des créatures? Est-ce bien Leibniz qui rabaisse ainsi les créatures morales et libres, créées à l'image de Dieu et capables de s'unir à lui, au rang des êtres muets et insensibles qui peuplent l'univers? Croit-il donner ainsi à ceux qui souffrent une consolation efficace et justifier la souveraine bonté du Dieu tout-puissant? Et qu'importe à l'homme malheureux le nombre des créatures et la perfection générale du monde? En ressentira-t-il moins sa propre douleur? Aura-t-il seulement des oreilles pour entendre le concert de cette harmonie, ou des yeux pour contempler la ma-

---

(1) *Théod.*, Abrégé de la controverse. Erdm., p. 625.

gnifique ordonnance de cet univers ? Il faut être étrangement aveuglé par l'esprit de système pour étouffer jusqu'à ce point le cri de la conscience et du cœur. — Mais faisons taire la voix de notre cœur; oublions les individus qui souffrent, et ne regardons qu'à l'ensemble. Le spectacle que nous offre le monde donne-t-il raison à Leibniz, et l'optimisme est-il conciliable avec les faits que constate une expérience sérieuse et impartiale ? — C'est ce qui est au moins contestable, et vaut la peine d'être examiné.

A Dieu ne plaise que nous invoquions ici contre Leibniz la triste autorité de l'auteur de *Candide* et du *Désastre de Lisbonne;* nous n'avons que du dégoût pour le fiel amer d'une satire impie et licencieuse, et nous voyons autre chose sur la scène du monde, et à travers les événements de l'histoire, qu'une Divinité moqueuse et cruelle, qui se fait un jeu de détruire ce qu'elle a créé et de bouleverser l'ordre qu'elle a établi. Mais si nous protestons contre *Candide*, nous ne saurions croire, avec l'auteur de la Théodicée, que le monde où nous vivons est le plus parfait possible. Pouvons-nous fermer les yeux à l'évidence ? pouvons-nous ne pas entendre ce long cri de douleur qui s'élève de la terre vers le ciel ?

Si nous contemplons la nature qui nous entoure, nous apercevons sans doute un ensemble régulier de lois, une correspondance admirable et constante des moyens et des fins, une harmonie merveilleuse, une progression continue du mouvement et de la vie. Mais au sein de cet ordre magnifique, que de taches qui le déparent, et que d'accidents qui le troublent!

A côté de la nature bienfaisante et préservatrice, se révèle une nature perturbatrice et malfaisante, de sorte que cette majestueuse unité recèle un dualisme secret et rebelle qui se trahit par le désordre, la lutte et la mort. Nous voyons les grandes forces de la nature entrer en guerre les unes avec les autres, et faire périr dans leurs gigantesques combats des milliers de créatures vivantes. Nous voyons les lois mêmes qui sont destinées à maintenir l'ordre et à conserver la vie, se transformer en puissances de désordre et de destruction. Le feu qui féconde n'est-il pas aussi le feu qui dévore? L'eau qui fertilise la terre ne devient-elle pas le torrent qui entraîne la moisson avec le champ qui la porte? L'Océan, merveilleux chemin qui rapproche les continents et les peuples, engloutit aussi les navires et devient pour les hommes un immense tombeau. Le feu captif dans les entrailles de la terre s'échappe par un soudain effort, et laisse au loin des traces ineffaçables de désolation et de ruine. La terre enfin s'ébranle et se déchire, et engloutit dans ses abîmes tout ce qui n'a pu se dérober à la mort par la fuite.

Sur cette terre, dont le sol est formé par des ruines, et dont la poussière n'est que le débris de générations vivantes disparues, vivent, souffrent et meurent des milliers d'êtres qui ne subsistent qu'à la condition de se dévorer tour à tour. Sans parler de ces désordres de l'organisme qui étonnent nos yeux et déconcertent la science, que dire de cette guerre incessante et acharnée de tous contre tous, où le droit du plus fort s'exerce avec une brutalité impitoyable, où l'égoïsme est la seule loi, où le carnage et la mort sont chargés d'établir l'équilibre et de pourvoir à la vie ? Tous ces êtres sont doués de sentiment et redoutent la douleur, et pourtant ils la subissent ; et, chose étrange, plus nous nous élevons dans l'échelle des êtres, plus grandit cette mystérieuse capacité de souffrir ; tellement que la dignité d'une créature pourrait se mesurer à la somme de ses souffrances. C'est ainsi qu'en passant de la plante à l'animal, des animaux imparfaits aux animaux supérieurs, et enfin de l'animal à l'homme, nous voyons s'élargir le domaine de la douleur avec l'horizon de la vie.

C'est l'homme, en effet, l'être le plus parfait de la création, qui a aussi le plus à se plaindre, parce qu'il a le plus à souffrir. « L'homme est né pour souffrir comme l'étincelle pour voler en l'air, » a dit un sage antique ; et cette mélancolique parole a été confirmée par la douloureuse expérience des siècles. Les nobles puissances de l'homme, — facultés de connaître, de sentir et d'aimer, — qui le rendent souverainement capable de bonheur, se transforment, par une contradiction étrange, en puissances infinies de souffrir. Aux souffrances physiques qu'il partage avec les autres êtres vivants, et qui sont chez lui incomparablement plus vives et plus multipliées, s'ajoutent les souffrances morales, qui lui appartiennent comme un privilége, et semblent la véritable couronne qui atteste sa royauté.

Il est fait pour la vérité, et le plus souvent la vérité lui échappe ; ou, s'il parvient à en saisir un rayon, cette vive clarté ne fait que rendre plus visibles les ténèbres qui l'entourent, et le dernier fruit qu'il retire de ses labeurs et de ses veilles, c'est une soif plus ardente de connaître unie à un désespoir éternel de jamais l'étancher.

Il est fait pour aimer et pour être aimé, et il voit ses affections trahies par l'infidélité ou brisées par la mort ; il semble qu'ici-bas, aimer soit synonyme de souffrir, et que celui-là souffre le plus qui aime le plus. Nul ne peut dire tout ce qu'il y a de douleurs secrètes et d'intimes souffrances dans ces âmes délicates et tendres qui ont besoin de sympathie et d'amour, et qui, ne rencontrant autour d'elles que froideur et indifférence, se replient tristement sur elles-mêmes et s'efforcent de cacher leur blessure.

L'homme est né pour le bien, et il ne le fait pas, ou ne le fait qu'à moitié. Notre âme est faite pour la sainteté comme notre œil pour la lumière; le Dieu qui forma l'homme à son image a déposé dans son cœur, comme une flamme divine, l'amour sacré de tout ce qui est bon, pur et beau. Notre conscience nous enseigne à discerner le bien et notre cœur à l'aimer ; nous sentons que faire le bien, c'est là tout ensemble notre devoir et notre bonheur ; mais quand il faut l'accomplir, notre volonté est rebelle ou impuissante, et si elle accomplit le bien, ce n'est qu'à travers de douloureux combats et de continuelles défaillances. Nous portons gravé au fond de notre âme un idéal que nous ne pouvons ni atteindre ni oublier, et dans notre lutte contre nos passions et notre égoïsme, nous sommes presque toujours vaincus, sans pouvoir nous résigner jamais à notre défaite. Il semble qu'il y ait deux hommes en nous, dont l'un aime le bien, aspire au ciel et à Dieu, tandis que l'autre, toujours enchaîné à la terre, ne sait faire que le mal. — Nous retrouvons dans notre propre cœur le même dualisme que nous avait révélé la nature; mais tandis qu'il se cache dans la nature sous une imposante unité, il éclate dans l'homme avec une singulière évidence, et c'est au mauvais principe que demeure en définitive la victoire.

Le mal règne parmi les hommes, et son empire ne date pas d'hier. L'histoire de notre race est marquée par plus d'injustices et de crimes que d'actions généreuses et saintes; elle nous montre à chaque siècle les méchants en majorité, et les meilleurs, parmi les hommes de bien, sujets à mille défaillances et à mille faiblesses. Vue d'un certain côté, et sans regarder à la main de Dieu qui conduit les choses humaines selon les éternels desseins de sa justice et de son amour, l'histoire nous apparaît comme un drame ténébreux et tragique, se déroulant à travers la lutte incessante des passions rivales et des égoïsmes opposés, et semble n'être qu'un long enchaînement de guerres toujours sanglantes, quand elles ne sont pas criminelles.

La société où nous vivons nous offre le même spectacle. Malgré de réels et sérieux progrès, que nous n'avons garde de contester et dont nous croyons connaître la source, l'humanité d'aujourd'hui ressemble à l'humanité d'autrefois; ce sont toujours les mêmes passions cherchant à se satisfaire par les mêmes moyens; c'est la lutte des mêmes intérêts enfantant les mêmes désordres et provoquant les mêmes crimes ; aujourd'hui, comme autrefois, le dévouement est l'exception et l'égoïsme est la règle ; nous voyons les meilleures intentions souvent méconnues, les plus généreux desseins traversés souvent par mille obstacles, les plus nobles vertus ternies par des ombres et par des taches, le mal se glissant dans ce qu'il y a de meilleur et venant toujours mêler la fange à l'or pur. Des hommes, que l'opinion publique place très haut, se jugent fort sévèrement eux-mêmes ; d'autres, au contraire, se prétendent meilleurs que tous, et commettent sans scrupule des actions qu'une opinion unanime flétrit comme coupables et déshonorantes. A quelque degré de l'échelle morale que l'on se trouve placé, il faut toujours répéter avec un poëte qui certainement n'était pas très difficile en fait d'idéal :

Video meliora proboque,
Deteriora sequor.

L'homme enfin est fait pour le bonheur, et le plus souvent il n'est pas heureux. — Et, comment pourrait-il être heureux, puisque à toutes les tendances normales et primitives de son être, à chacune des aspirations de son âme, même aux plus généreuses et aux plus saintes, c'est toujours une contradiction et un démenti qui viennent répondre ? La contradiction forme si bien le fond de notre nature, que chercher Dieu et nous donner à lui est pour nous un pénible combat et un douloureux sacrifice, quoique nous nous sentions nés de Dieu et pour Dieu, en qui seul nous pouvons trouver notre bonheur véritable. — Et à côté de cette cause éternelle de malheur que l'homme porte en lui-même, que de causes extérieures qui se conjurent contre son bonheur! Que dire en effet de ces accidents soudains qui plongent toute une famille dans la misère ou dans le deuil, et de ces désastres éclatants qui brisent des existences jusque-là enviées? Que dire de ces infirmités physiques qui transforment toute une vie en une longue souffrance et de ces affections mentales, plus terribles encore, qui dévastent l'âme jusqu'à paraître la détruire? Que dire enfin de cette redoutable nécessité de la mort, de ces luttes douloureuses de l'agonie, et de ce déchirement étrange de notre être qui nous inspire un si invincible effroi?

Tous ces désordres et tous ces malheurs ont un tel caractère d'universalité qu'ils nous produisent l'illusion d'un ordre normal et naturel. Mais dire que la souffrance et la mort sont la loi universelle de notre monde, c'est ne rien expliquer, car c'est cette loi elle-même qui nous paraît injuste et cruelle; c'est là qu'est tout le problème et tout le mystère. La révolte de notre sens intime contre la douleur, et le frémissement de notre être tout entier en face de la mort deviennent alors des faits inexplicables. — Qu'est-ce qu'une loi naturelle contre laquelle proteste la nature? N'est-ce pas la contradiction et le désordre érigés en ordre et en loi?

Nous pourrions invoquer ici la tradition universelle du genre humain et l'antique témoignage des siècles. Nous pourrions rappeler l'histoire, légendaire peut-être, mais à coup sûr significative et touchante, de Çakia Mouni, à qui le spectacle de la misère, de la décrépitude et de la mort, persuade de quitter la cour du roi son père, pour se vouer à la solitude et au soulagement des souffrances humaines (1). Nous pourrions signaler ce fait, bien significatif encore, que tous les peuples, à côté des divinités bienfaisantes, ont adoré des dieux malfaisants : quelques-uns même ont vu dans le mal un principe éternel et supérieur, égal en puissance à la divinité créatrice. C'est ainsi que les Hindous placent dans leur trimourti mystérieuse Siva, le dieu de la destruction ; c'est ainsi que les peuples Zend partagent la souveraineté divine entre Ormudz et Arhimane ; c'est ainsi que les manichéens croient à un double principe, à un royaume des ténèbres en lutte avec le royaume de la lumière et lui disputant l'empire du monde, jusqu'à la victoire définitive des puissances célestes. Cette perpétuité des croyances dualistes à travers l'histoire des religions et des philosophies humaines, n'est-elle pas un éclatant témoignage rendu à cette terrible réalité du mal qui de tout temps s'est imposée à l'homme avec une redoutable évidence ?

Mais il est inutile d'insister davantage : il faut les illusions de la jeunesse pour se persuader que le monde où nous vivons est le meilleur des mondes possibles, et il en est beaucoup qui ont fait de bonne heure l'expérience des douleurs et des amertumes de la vie. Il faut se faire une idée bien insuffisante des

---

(1) Voy. B. Saint-Hilaire, *Le Bouddha et sa religion*.

perfections divines, ou s'abuser étrangement sur la réalité, pour affirmer que tout est pour le mieux ici-bas, et l'on ne peut, à moins de fermer les yeux à l'évidence, être optimiste à la manière de Leibniz. Leibniz, en effet, n'a exploré que la surface de la vie, et tout lui a paru normal et régulier; si nous pénétrons dans les profondeurs, nous trouvons, au-dessous de la surface calme et unie, des flots agités et tumultueux, des contradictions étranges sous une apparence d'ordre et d'unité, un malheur secret et profond sous une brillante écorce de bonheur.

Aussi les arguments par lesquels Leibniz s'efforce de diminuer et de justifier le mal, sont-ils plus propres à me blesser qu'à me convaincre; ils me révoltent quand ils ne me font pas sourire, et je m'explique, à les entendre, qu'on n'ait pas toujours pris la Théodicée au sérieux. Que j'aime bien mieux le cri douloureux du poëte :

> Pourquoi donc, ô Maître suprême,
> As-tu créé le mal si grand
> Que la raison, la vertu même,
> S'épouvantent en le voyant?
>
> . . . .
>
> Comment, sous la sainte lumière,
> Voit-on des actes si hideux
> Qu'ils font expirer la prière
> Sur les lèvres du malheureux?
>
> Pourquoi dans ton œuvre céleste
> Tant d'éléments si peu d'accord?
> A quoi bon le crime et la peste?
> O Dieu juste, pourquoi la mort?

> Ta pitié dut être profonde,
> Lorsque avec ses biens et ses maux
> Cet admirable et pauvre monde
> Sortit en pleurant du chaos!

Tel est aussi le cri de Pascal. Les désordres et les calamités de ce monde tourmentent sa pensée comme une contradiction, en même temps qu'ils troublent son cœur et lui arrachent des plaintes. Il avait sondé tous les replis du cœur de l'homme et tous les mystères de la vie, et il croyait à un malheur radical et profond de la nature humaine. Qui a mieux compris l'incurable misère de notre destinée ici-bas, et qui a su la peindre comme lui? Quelle sombre et saisissante énergie dans ces paroles : « Et ainsi, le présent ne nous satisfaisant jamais, l'espérance nous pipe, et, de malheur en malheur, nous mène jusqu'à la mort qui en est le comble éternel? » (1) Qui surtout a mieux senti et plus fortement exprimé cet étonnant mélange de grandeur et de bassesse, ces contradictions étranges que l'homme porte dans son sein, et qui le rendent à lui-même un incompréhensible mystère? « Quelle chimère est-ce donc que l'homme! quelle nouveauté, quel monstre, quel chaos, quel sujet de contradiction, quel prodige! Juge de toutes choses, imbécile ver de terre; dépositaire du vrai, cloaque d'incertitude et d'erreur; gloire et rebut de l'univers! » « S'il se vante, je l'abaisse; s'il s'abaisse, je le vante, et le contredis toujours, jusqu'à ce qu'il com-

---

(1) *Pensées.* Edit. Havet. Art. VIII, p. 124.

prenne qu'il est un monstre incompréhensible » (1).

Un homme, dont le nom et l'autorité grandissent tous les jours, l'un des plus grands disciples de Pascal et l'un de ses meilleurs interprètes, Alexandre Vinet, a dit en commentant le livre des *Pensées* : « Une philosophie sérieuse est naturellement pessimiste. Au fond, si l'on compte pour quelque chose les jugements de détail, tout le monde, dans un esprit ou dans un autre, est réellement pessimiste. On pourra bien, en thèse générale, dire que tout va bien ; mais, d'heure en heure, qui est-ce qui est content, même parmi les heureux, et surtout parmi les heureux? Qui est-ce qui est content, excepté ceux qui, comme saint Paul et à la même école que saint Paul, « ont appris à être contents? » Additionnez les mécomptes et les murmures, et si le pessimisme ne fait pas la somme, venez nous le dire » (2).

La thèse de Leibniz est donc démentie par les faits, et trahit une observation superficielle et insuffisante. Une étude plus sérieuse et plus profonde nous fait découvrir partout le désordre et le mal, et nous voyons grandir leur empire à mesure que nous nous élevons des créatures inférieures jusqu'à l'homme, l'être le plus parfait et le plus misérable de la création.

Mais alors même que la proportion entre les biens et les maux serait telle que le veut Leibniz, la sainteté, la puissance et la bonté souveraines de Dieu n'en seraient pas mieux justifiées.

Qui ne voit, en effet, que lorsqu'il s'agit du mal et

---

(1) *Pensées*. Edit. Havet, art. VIII, p. 119 et 131.
(2) *Etudes sur Blaise Pascal*, p. 96.

de Dieu, la question ne peut être une question de plus ou de moins, d'équilibre et de balance savamment ménagés? Si Dieu est l'être souverain, absolument libre, saint et parfait, il ne peut pas plus produire peu de mal que beaucoup ; tout ce qui procède de lui doit être bon comme il est bon.

Peu importe que la somme des biens l'emporte sur la somme des maux ; peu importe que le désordre qui apparaît dans telle partie de l'œuvre divine soit insignifiant auprès de l'ordre et de l'harmonie de l'ensemble ; peu importe que le nombre des créatures saintes et heureuses surpasse infiniment le nombre des créatures malheureuses et coupables. Il suffit qu'il y ait un désordre, quelque minime qu'il soit, il n'en contredit pas moins la puissance et la sagesse infinies. Il suffit qu'une seule créature soit méchante et malheureuse ; son crime et son malheur accusent la sainteté et la bonté souveraines. Les perfections divines ne souffrent ni restriction ni limite ; une petite somme de mal, si Dieu en est l'auteur, porte à sa sainteté la même atteinte qu'une somme cent fois plus grande ; ce n'est pas la quantité relative du mal (1), mais le fait même de son existence, qui est contradictoire avec la nature divine. Ce n'est pas une question de proportion ou de degré, c'est une question de fait ; nous sommes sur le terrain de l'absolu.

Voilà pourquoi il ne sert de rien à Leibniz de peser

(1) Il est à peine besoin de dire que nous entendons sous ce terme le mal physique et le mal moral, la souffrance et le péché ; le mal métaphysique, c'est-à-dire la limite essentielle à tout ce qui n'est pas Dieu, n'est pas un mal.

le bien et le mal comme à la balance, ou de prétendre que Dieu a voulu un certain mal pour produire une plus grande somme de bien; la fin ne saurait sanctifier les moyens, ni le mal cesser d'être mal. Tous les raisonnements viennent se briser contre ce principe immuable : Dieu ne veut pas le mal. Peu importe que le mal soit voulu dans un but excellent, il suffit qu'il soit directement voulu de Dieu pour que la sainteté divine soit anéantie.

La critique que nous adressons à Leibniz suppose qu'il fait Dieu auteur du mal. Or, c'est là une doctrine que Leibniz condamne et contre laquelle il proteste avec énergie. Il est sincère, sans doute, lorsqu'il croit justifier Dieu de toute participation au mal, et nous sommes loin de vouloir accuser ses intentions et sa bonne foi. Mais si Leibniz est absous, son système ne saurait l'être, et c'est le système, et non l'homme, qui importe ici. Aussi notre critique, qui serait injuste si elle s'adressait à l'homme, demeure-t-elle fondée à l'égard du système, car l'inflexible logique de ses principes entraîne Leibniz où il ne veut point aller, et, en dépit de ses protestations et de ses efforts, il faut qu'il en arrive à attribuer le mal à Dieu comme à son véritable auteur. — Il nous sera facile de le démontrer.

Leibniz, disions-nous, ne veut pas placer en Dieu la source du mal. Aussi la cherche-t-il dans l'abus que les créatures intelligentes ont fait de la liberté. La liberté a enfanté le mal moral dont le mal physique n'est que la suite naturelle et le châtiment nécessaire, en même temps qu'il est un moyen de ramener au bien les coupables. — Certes, nous ne pouvons qu'applaudir ici aux paroles de Leibniz, et nous ne croyons pas qu'il y ait ailleurs que dans la liberté une solution au redoutable problème de l'origine du mal. Nous n'aurions donc aucune objection à faire à la Théodicée, et il ne nous resterait plus qu'à désavouer toutes nos critiques, si Leibniz avait maintenu d'une manière nette et ferme le grand fait de la liberté, avec toutes ses conséquences. Mais c'est là ce que Leibniz n'a point fait et ne pouvait point faire. Il entrevoit la vérité, mais elle lui échappe aussitôt : c'est un éclair qui s'efface après avoir brillé un instant. Il a mis la main sur la solution véritable et prononcé le mot du problème, mais ce mot ne saurait avoir de sens pour lui, et dès lors la solution qu'il apporte a perdu toute valeur et toute portée.

Qu'est-ce en effet que la liberté pour Leibniz? Il y met, nous l'avons vu, trois conditions essentielles : la *spontanéité* : il faut que l'être qui agit soit à lui-même son propre principe d'action ; — l'*intelligence* : il faut que l'être actif ait conscience du but et des motifs qui le déterminent à agir ; — la *contingence* : il faut que le contraire de l'action ne soit pas métaphysiquement impossible. — Mais Leibniz oublie une autre condition, la plus essentielle de toutes, et qui constitue la vraie liberté. Ce n'est pas tout que l'action soit contingente, spontanée et consciente, il faut encore qu'elle soit libre ; il faut que celui qui agit ait l'initiative de son action, qu'il en demeure du commencement à la fin l'auteur et le maître, qu'il puisse la vouloir ou ne la vouloir pas, et, après l'avoir voulue, en poursuivre ou en arrêter à son gré l'exécution. Au lieu de cela, Leibniz nous donne, sous le nom de liberté, une activité déterminée par des lois infaillibles, et par une sorte de mécanisme spirituel aussi inflexible que le mécanisme du mouvement des corps. Les raisons, les motifs, les inclinations déterminent la volonté, et agissent sur elle comme les poids sur le plateau d'une balance; ou plutôt, puisque tous les mouvements de l'âme sont spontanés, et que plusieurs inclinations viennent la solliciter à la fois, ces inclinations sont des forces diverses qui se combinent, et dont la résultante détermine l'action. Ainsi, ce n'est plus moi qui veux; ce sont des forces étrangères qui luttent et qui agissent en moi; je suis le théâtre de leur jeu infaillible et régulier, mais je n'y prends aucune part; je suis le spectateur et le témoin de mon action, je n'en suis pas l'auteur; j'y assiste, je ne la produis pas.

Il est vrai que je trouve en moi des inclinations qui me sollicitent, des attraits ou des répugnances qui plaident la cause de telle ou telle détermination; il est vrai que ma raison perçoit la convenance ou la disconvenance des choses, apprécie le but et les moyens, rapproche les divers motifs, les compare et les juge; il est vrai encore que ma conscience discerne le bien et le mal, et me montre de quel côté se trouvent pour moi l'obligation et le devoir. Mais ni mes inclinations instinctives, ni les jugements réfléchis de ma raison, ni même la voix plus impérieuse de ma conscience n'entraînent mon action, comme le poids le plus lourd fait pencher la balance, ou comme une résultante de forces produit un mouvement. Les passions me sollicitent, la raison m'éclaire, la conscience me commande; mais c'est moi qui me détermine et qui veux. Les motifs me conseillent ou me prescrivent d'agir, mais ils n'agissent pas à ma place; ce sont des exhortations ou des ordres, ce ne sont pas des agents.

Il est donc inexact de dire que c'est le motif le plus fort qui l'emporte, car un motif n'est jamais une force ou une cause; la force et la cause sont en nous seuls, et c'est nous qui faisons pencher la balance en nous jetant nous-mêmes dans l'un des plateaux.

C'est ce que Leibniz a le tort de n'avoir pas vu. Lui qui a si bien compris la force n'a pas su comprendre la cause, et c'est là le vice capital de sa philosophie. Il lui semble qu'un acte volontaire serait un effet sans cause, s'il n'avait pas de raison déterminante et infaillible; à côté de la cause efficiente, il lui faut toujours la raison suffisante et *a priori* (1). — La libre volonté de Dieu ne lui suffit pas pour expliquer la création du monde : il lui faut une raison suffisante de cette création elle-même, et il la trouve dans la perfection inhérente au monde, qui le rend nécessaire par le seul fait qu'il est le meilleur. Cette raison suffisante se substitue en définitive à la cause efficiente et créatrice, et la liberté divine se trouve

---

(1) C'est ce que prouve un passage significatif du dialogue latin que Leibniz avait montré à Arnauld et dont nous avons déjà parlé. « Erit ergo ratio quædam sufficiens etiam ipsius actus volendi; ergo vel actui ipsi inerit; erit ille ergo ens a se, seu Deus, quod est absurdum; aut ratio ejus sufficiens quærenda est extra ipsum. » (*Confess. philos.* Inédit.)

anéantie. — Il en est exactement de la production des actes volontaires comme de la création du monde. C'est la même confusion du principe de causalité et du principe de la raison suffisante : parce qu'il n'a pas reconnu dans la volonté humaine une puissance vraiment causatrice et efficace, Leibniz est obligé de recourir, pour expliquer les actes libres, à une détermination infaillible de la volonté par l'entendement, à une liaison logique des inclinations et des actes, à une série continue des actions se produisant l'une l'autre par une loi nécessaire; et il substitue par là, sans en avoir conscience, un déterminisme absolu à la liberté.

C'est l'homme tout entier qui agit, avec son intelligence, ses passions, sa conscience et sa volonté; rien ne saurait briser l'indivisible unité de son être, et il faut se garder d'isoler les diverses facultés de l'âme, et d'en faire comme autant de personnages séparés et distincts, vivant chacun de sa vie propre et agissant d'une manière indépendante. La sensibilité et l'intelligence accompagnent toujours la volonté, et parce qu'une action est volontaire, cela ne veut pas dire qu'elle n'est pas raisonnable. — Mais il ne faut pas non plus confondre les facultés entre elles, et réduire la volonté à n'être que de l'intelligence. Aussi faut-il distinguer deux actes différents dans l'exercice de la volonté : la délibération, qui précède, et la volition, qui la suit. C'est d'abord une sorte de conseil que tiennent ensemble la raison et la conscience, l'intérêt et la passion; ensuite, la volonté, se déclarant suffisamment informée, met fin à la délibération en se déterminant à agir. — Il est vrai que la force de l'habitude, la puissance de l'instinct ou l'emportement des passions suppriment souvent toute réflexion, et entraînent notre volonté sans que nous en ayons conscience ; mais toutes les fois que nous faisons acte de liberté, il y a possession de nous-mêmes, détermination volontaire et réfléchie de notre moi en présence d'un objet qui le sollicite sans le contraindre. — Il doit appartenir à la volonté de suivre ou de ne pas suivre les conseils de la raison, d'obéir au devoir ou de lui résister, de céder aux passions ou de leur déclarer la guerre. C'est à ce prix seulement qu'existe la vraie liberté, et que la créature morale est responsable de ses actions.

Leibniz n'a pas su faire cette distinction capitale entre la raison et la volonté, et, confondant l'une avec l'autre, il réduit les actes volontaires à n'être que de purs jugements de l'esprit. Il prétend, comme Platon, que, pour vouloir le bien, il suffit de le connaître, et que la volonté l'accomplit toujours lorsque l'intelligence l'aperçoit (1). C'est la loi de la volonté de tendre vers le bien dans la mesure où il est connu, et c'est la perception plus ou moins distincte du bien qui fait l'action meilleure ou moins bonne. Or, comme nos perceptions nous sont données par notre propre nature sans que nous puissions y rien changer, nous cessons d'être moralement maîtres de

---

(1) Aussi Leibniz croit-il, avec Platon, que l'homme ne fait le mal que par ignorance. « *Theologus*. Ergo peccatum omne ab errore ? — *Philosophus*. Fateor. » (*Conf. Philos.* Inédit.)

nos actions pour devenir les exécuteurs involontaires d'une loi infaillible qui s'accomplit en nous.

Leibniz croit sauver la liberté en insistant sur la spontanéité et la contingence des actions volontaires. Il affirme hautement l'autonomie absolue de chaque âme, qui se développe en dehors de toute contrainte extérieure et de toute influence étrangère : c'est l'aiguille aimantée qui se tourne d'elle-même vers le nord, c'est l'automate qui se meut par un ressort intérieur et caché ; — et cette évolution interne et solitaire de l'âme produit à Leibniz l'illusion d'un développement libre. Il revient aussi sans cesse à sa fameuse distinction de la nécessité morale, qui laisse subsister la contingence, et de la nécessité métaphysique qui l'exclut, et il répète souvent que « les raisons inclinent la volonté sans la nécessiter. »

Mais c'est là une distinction illusoire et vaine. Cette détermination des actes volontaires ne rend pas, je le veux, le contraire de ces actes métaphysiquement impossible ; mais elle les rend certains et infaillibles, comme les mouvements d'une horloge, et par là elle détruit leur liberté. Nos actions ne cessent pas d'être contingentes, mais tout ce qui est contingent n'est pas libre : les mouvements des corps sont contingents comme les actions volontaires, de même qu'ils sont spontanés comme elles ; en sont-ils pour cela moins nécessaires ? Ni la contingence ni la spontanéité ne constituent la liberté véritable. Et c'est Leibniz lui-même qui nous en fournira la preuve : tous les êtres, selon son système, sont contingents, puisqu'ils n'existent qu'en vertu d'un décret divin qui aurait pu les faire exister autrement; ils sont tous doués de spontanéité, puisque tous se développent par une force intérieure et indépendante de toute contrainte étrangère; et cependant tous ne sont pas libres. Qu'est-ce qui fait donc la liberté aux yeux de Leibniz? C'est l'intelligence; ce sont les divers degrés de la perception qui marquent les rangs divers dans l'immense hiérarchie des êtres. A mesure que la perception devient plus claire et plus distincte, nous voyons apparaître la volonté et la liberté, et les êtres deviennent libres en même temps que raisonnables.

Nous voici donc ramenés par une autre route à cette confusion de l'intelligence avec la volonté, de la liberté avec la raison, que nous signalions tout à l'heure. La volonté n'est, en quelque sorte, qu'une fonction de la perception, — elle devient libre quand la perception devient consciente et distincte, — et la liberté n'est autre chose que la raison. C'est ce qui explique pourquoi Leibniz parle toujours des êtres intelligents et raisonnables, et jamais des êtres libres. Il n'y a pas pour lui, d'un côté, des êtres personnels et moraux, et, de l'autre, des êtres destitués de personnalité morale: il n'y a que des créatures raisonnables et des créatures privées de raison. Voilà pourquoi, au lieu de diviser les êtres en deux classes que sépare un abîme, il établit entre eux une hiérarchie constante et progressive où d'imperceptibles différences marquent seules les degrés. La loi de la continuité, en effet, n'est applicable, dans toute sa rigueur, que si l'intelligence est le seul élément de diversité dans les créatures; elle ne l'est plus, si on admet la personnalité morale et libre : avec la liberté morale apparaît un ordre nouveau; il y a rupture et hiatus dans la chaîne des êtres; ce n'est plus un progrès et une nuance, c'est une création nouvelle, c'est une autre nature et un autre monde. — Il y a une infinité de degrés dans la puissance de connaître, peut-être n'y en a-t-il point dans la liberté morale; il y a, pour les créatures, mille manières d'être intelligentes; il n'y a peut-être, pour elles, qu'une manière d'être libres.

C'est encore cette confusion de l'intelligence et de la liberté qui nous fait comprendre le sens d'une parole de Leibniz au premier abord assez obscure. « L'intelligence est comme l'âme de la liberté, le reste (la spontanéité et la contingence) en est comme le corps et la base » (1). La spontanéité et la contingence, en effet, appartiennent également à toutes les substances, mais les seules substances intelligentes sont libres; la spontanéité et la contingence forment donc comme le sol où l'intelligence fait éclore la liberté. La contingence et la spontanéité, voilà les matériaux de la liberté, qui se retrouvent chez tous les êtres; l'intelligence vient donner la vie à ce corps inerte, et transformer l'activité spontanée en activité libre.

Ainsi, c'est pour avoir confondu la volonté avec l'intelligence, que Leibniz, dans son analyse, d'ailleurs si ingénieuse, du fait de la liberté, n'oublie qu'un seul élément, à savoir : la liberté même. —

(1) *Théod.*, III, § 288. Erdm., p. 590.

Et pouvait-il en être autrement dans un système comme le sien? Où est la place que laisse à une activité libre la double loi de la continuité et de l'harmonie? L'univers, nous l'avons vu, est un vaste ensemble de monades, formant une hiérarchie continue; chacune de ces monades réalise, par une force intérieure, toutes les virtualités de sa nature individuelle et primitive; les phases successives de son développement forment une chaîne indissoluble dont tous les anneaux s'engendrent l'un l'autre : le présent est chargé du passé et gros de l'avenir. Les monades se développent d'une manière harmonique, et leurs évolutions se correspondent avec un si merveilleux accord que chacune est un miroir vivant où se réfléchit l'univers tout entier, avec tous ses développements passés et futurs. Le monde est donc une machine immense, d'un mécanisme admirable, où tout est réglé par des lois infaillibles, et dont toutes les parties concourent par leur jeu constant et régulier à l'harmonie universelle, qui est le comble de la perfection et la suprême beauté.

Je demande maintenant s'il reste une place pour la liberté dans un pareil univers. La liberté y est impossible autant qu'elle y serait inutile et dangereuse; car elle ne servirait qu'à troubler cet ordre admirable et cette savante harmonie. Aussi l'homme est-il un rouage comme les autres au sein de cette merveilleuse machine, et Leibniz n'a pas craint de l'appeler un *automate spirituel*.

C'est donc au prix d'une inconséquence que, dans la Théodicée, Leibniz parle encore de liberté, comme c'est par une inconséquence qu'il parle d'un mal réel et positif. — Et nous venons de voir que cette liberté qu'il revendique, en dépit de son système, pour les créatures intelligentes, n'est pas la liberté véritable; de sorte que la contradiction est plus dans les mots que dans les idées, et qu'à travers ses inconséquences mêmes, Leibniz n'a pas cessé d'être conséquent.

S'il en est ainsi, c'est en vain qu'il invoque la liberté des créatures pour expliquer l'origine du mal : il n'a pas le droit de le faire, car la liberté qu'il leur laisse est parfaitement illusoire, et c'est un déterminisme absolu qui se trouve au fond de tout son système.

Or, si l'origine du mal ne se trouve pas dans la liberté de la créature, où pourrons-nous la chercher ailleurs qu'en Dieu? Il ne saurait y avoir d'autre alternative possible pour ceux qui ne voient pas dans la matière une puissance éternelle et indépendante qui serait le principe du mal.

Il faut donc que Leibniz en arrive à attribuer le mal à Dieu, pour se punir lui-même de n'avoir pas compris la liberté. Et il semble avoir un secret pressentiment de cette nécessité logique et fatale de son système; car comment expliquer autrement les soins infinis qu'il se donne pour atténuer le mal et pour l'amoindrir? Lorsque l'on croit fermement que Dieu n'est pour rien dans la production du mal, et que la créature libre en est le seul auteur, on ne craint pas d'envisager le mal en face, de l'appeler par son nom et d'en signaler les redoutables conséquences. — Aussi Leibniz s'est-il trahi lui-même en prenant à tâche de réduire autant que possible les proportions et le rôle du mal dans le monde. Lorsqu'il s'efforce de trouver à chaque désordre sa raison d'être, à chaque douleur, comme à chaque crime, son avantage et sa nécessité, il semble nous avertir que son explication du mal par la liberté n'est pas sérieuse : il ne se donnerait pas toutes ces peines si la logique de son système ne l'entraînait pas à faire remonter à Dieu le mal en même temps que le bien.

Cependant Leibniz veut échapper à la logique, et pour expliquer l'origine du mal, il a recours à sa théorie célèbre de la préexistence des mondes dans l'entendement divin.

L'intelligence divine est la région idéale des possibles ; c'est là que se trouvent représentées les idées ou les essences de toutes choses : chaque être y occupe sa place avec sa nature individuelle, c'est-à-dire avec le germe de tout son développement et la série tout entière de ses actions futures. Ces virtualités idéales se combinent entre elles selon les lois infaillibles de leur convenance et de leur disconvenance : ainsi se forment des séries diverses, parmi lesquelles Dieu choisit la meilleure pour la réaliser.

« Lorsqu'un méchant existe, dit Leibniz, il faut que Dieu ait trouvé dans la région des possibles l'idée d'un tel homme entrant dans la suite des choses de laquelle le choix était demandé par la plus grande perfection de l'univers » (1).

« Si Jupiter avait pris un Sextus heureux à Co-

---

(1) *Théod.*, III, § 350, Erdm., p. 605.

rinthe, ou roi en Thrace, dit Minerve au grand prêtre Théodore, ce ne serait plus ce monde. Et cependant il ne pouvait manquer de choisir ce monde, qui surpasse en perfection tous les autres, qui fait la pointe de la pyramide : autrement Jupiter aurait renoncé à sa sagesse, il m'aurait bannie, moi qui suis sa fille » (1).

Mais Dieu est innocent du mal accompli par telle ou telle créature, objet de son choix. « Vous voyez, dit encore Pallas à Théodore, que mon père n'a point fait Sextus méchant, il l'était de toute éternité, il l'était toujours librement; il n'a fait que lui accorder l'existence qu'il ne pouvait refuser au monde où il est compris » (2). — « D'où vient, écrit Leibniz dans son *Discours de Métaphysique*, d'où vient que cet homme fera assurément ce péché? La réponse est aisée : c'est qu'autrement ce ne serait pas cet homme; car Dieu voit de tout temps qu'il y aura un certain Judas, dont la notion, ou idée que Dieu en a, contient cette action future libre. Il ne reste donc que cette question, pourquoi un tel Judas, le traître, qui n'est que possible dans l'idée de Dieu, existe actuellement. Mais à cette question il n'y a point de réponse, si ce n'est que Dieu en tirera un plus grand bien, et qu'il se trouvera en somme que cette suite de choses, dans laquelle l'existence de ce pécheur est comprise, est la plus parfaite parmi toutes les autres façons possibles » (3).

Nous reconnaissons ici cette théorie du prédéter-

---

(1) *Théod.*, III, § 416. Erdm., p. 622.
(2) *Ibid.*
(3) Grotef., *Briefw.*, p. 184.

minisme individuel que nous avons signalée plus haut : chaque monade est préexistante en Dieu ; chaque individu existe éternellement dans l'entendement divin, et il y possède déjà tous les caractères qui en font un être intelligent et libre, heureux ou malheureux, innocent ou criminel. C'est donc l'entendement divin, avec les notions qu'il renferme, qui est la véritable source du mal. Les possibilités éternelles et indépendantes de la volonté divine, avec les lois logiques de leurs mutuels rapports, jouent exactement le même rôle ici que la matière dans la théorie de Platon (1), ou le mauvais principe dans le système des manichéens. Et Leibniz ne désavoue pas cette

---

(1) Leibniz a toujours beaucoup aimé Platon, et il offre plusieurs traits de ressemblance avec lui. Nous avons déjà remarqué que dans Leibniz, comme dans Platon, le bien entraîne la volonté dès qu'il est aperçu par l'entendement, et que la volonté se confond avec l'intelligence. Nous pourrions montrer aussi que le rôle du mal est le même dans les deux systèmes, et qu'il se confond pour Platon, comme pour Leibniz, avec l'imperfection et la limite. Nous pourrions enfin retrouver l'optimisme dans le *Timée*. Le démiurge de Platon arrange tout pour le mieux et fait de la matière chaotique et rebelle un merveilleux *cosmos*, dont la beauté et l'harmonie sont l'image des perfections divines. Le Dieu de Leibniz est un démiurge, à son tour, qui opère sur les possibilités idéales, comme le Dieu de Platon sur la matière éternelle, et en tire le meilleur parti possible. — Mais ces ressemblances ne doivent pas nous faire perdre de vue la différence capitale qui sépare Leibniz et Platon, et les place, pour ainsi dire, aux deux pôles opposés de l'horizon philosophique. Tandis que Platon prend pour premiers principes des choses les idées universelles, types immuables dont les individus sont les images passagères, Leibniz explique tout ce qui est par des substances individuelles. D'un côté, c'est le genre qui est la substance, de l'autre c'est l'individu. Dans le système de Platon, c'est l'idée générale qui préexiste aux êtres particuliers ; dans celui de Leibniz, c'est l'individu qui préexiste à lui-même, et qui constitue à lui seul un genre primitif et permanent.

M. Foucher de Careil a retrouvé de précieuses traces des études platoniciennes de Leibniz. Il a publié dans ses *Nouvelles lettres et opuscules inédits* une traduction latine abrégée du *Phédon* et du *Théétète* écrite de la main de Leibniz, et compte publier encore une traduction semblable du *Parménide*, qu'il vient de découvrir.

double ressemblance ; il la signale lui-même pour en tirer gloire, et il se félicite d'avoir concilié dans son système tout ce que les philosophies antérieures avaient de bon et de vrai. « Platon a dit dans le *Timée* que le monde avait son origine de l'entendement joint à la nécessité. On y peut donner un bon sens. Dieu sera l'entendement ; et la nécessité, c'est-à-dire la nature essentielle des choses, sera l'objet de l'entendement, en tant qu'il consiste dans les vérités éternelles... C'est là dedans que se trouve l'origine du mal. C'est la région des vérités éternelles qu'il faut mettre à la place de la matière, quand il s'agit de chercher la source des choses » (1). Et ailleurs, après avoir parlé du double principe des manichéens, Leibniz s'exprime ainsi : « Il y a véritablement deux principes, mais ils sont tous deux en Dieu, savoir son entendement et sa volonté. L'entendement fournit le principe du mal sans en être terni, sans être mauvais ; il représente les natures comme elles sont dans les vérités éternelles. Il contient en lui la raison pour laquelle le mal est permis ; mais la volonté ne va qu'au bien » (2).

Ainsi, Dieu ne veut pas le mal ; le bien, ou plutôt le meilleur, est seul l'objet de sa volonté (3). Le mal

---

(1) *Théod.*, I, § 20. Erdm., p. 510.
(2) *Id.*, II, § 149. Erdm., p. 548, 549.
(3) Ce n'est pas la volonté de Dieu, c'est son entendement, c'est son existence, qui est le principe et la raison du mal : « Peccatum est non quia Deus vult, sed quia est. » Voici d'ailleurs un curieux passage qui rend fort claire la pensée de Leibniz. « Volendi causa intellectus, intellectus causa sensus, sentiendi causa est objectum...; erit ergo voluntas peccandi ab externis, id est statu rerum præsenti ; status rerum præsens a præcedente, præcedens ab alio præcedente, et ita porro ; status ergo præsens a serie rerum, ab harmonia universali ; harmonia universalis ab ipsis illis

lui est imposé en quelque sorte du dehors par la nature essentielle des choses, par les vérités éternelles, objet de l'entendement divin, mais dont Dieu n'est pas l'auteur; le mal existe de tout temps dans la région des possibles, et Dieu ne peut s'abstenir de le réaliser parce qu'il est lié au meilleur univers. Ces possibilités idéales et éternelles qui peuplent l'intelligence divine constituent donc une sorte de matière indépendante de Dieu, et dont il est forcé de subir la loi. — Comme le Dieu de Platon, et de l'antiquité tout entière, ne peut créer qu'en se servant de la matière éternelle, et en acceptant les conditions et les limites qu'elle impose à son activité ordonnatrice, ainsi le Dieu de Leibniz ne peut que combiner entre eux les possibles, et réaliser ensuite la combinaison qui est la meilleure; et cette combinaison elle-même s'accomplit en vertu de lois logiques indépendantes de sa volonté, de sorte que le rôle de l'activité divine se réduit, en dernière analyse, à réaliser une harmonie éternelle qui, pour être idéale, n'en est pas moins nécessaire. — Comme dans le système de Manès le bon principe est forcé de compter avec le mauvais, de faire en quelque sorte une transaction avec lui, et de ne réaliser le bien que dans la mesure où son adversaire veut y consentir; de même, le Dieu de Leibniz est obligé d'en passer par les exigences des vérités et des possibilités éternelles, objet de son entendement et indépendantes de sa volonté. Il est forcé de donner l'existence à des êtres

æternis immutabilibusque idæis; idææ intellectu divino contentæ, a se ipsis, nullo voluntatis divinæ intercursu; neque enim Deus intelligit quia vult, sed quia est. » (*Conf. philos.* Inédit.)

méchants et malheureux, parce qu'ils entrent dans l'ensemble de choses qui forme le meilleur monde possible.

N'est-ce pas Dieu, en définitive, qui est l'auteur du mal, puisque c'est son intelligence qui le conçoit et sa volonté qui le réalise? — C'est en vain que Leibniz prétend justifier la volonté divine en plaçant dans l'entendement divin le principe du mal. Car l'entendement divin ne se borne pas à concevoir le mal comme possible, il le conçoit comme nécessaire à l'ordre le plus parfait des choses; et il l'impose à la volonté créatrice, qui est contrainte de lui donner l'existence qu'elle ne peut refuser au meilleur univers. — C'est en vain encore que Leibniz invoque la liberté de la créature pour justifier le Créateur, et qu'il répète sans cesse que les méchants ne sont pas rendus tels par la volonté de Dieu, mais qu'ils le sont de toute éternité, et le sont librement. Car enfin, si Dieu n'est pas directement l'auteur de leur péché, il l'est du moins de leur existence, et cette existence même implique ce péché. Pourquoi Dieu a-t-il donné l'être à de tels individus plutôt qu'à d'autres? C'est qu'ils entrent comme des termes nécessaires dans la meilleure série des choses, et sont des éléments constitutifs de l'harmonie universelle que Dieu réalise, et qui est Dieu même (1). Nous savons d'ailleurs ce que vaut

---

(1) Nous connaissons l'expression significative qui se rencontre plusieurs fois dans les écrits de Leibniz : *Deus sive harmonia rerum*. Or, les péchés d'un certain nombre de créatures font si bien partie de cet ordre harmonique des choses, qui est Dieu même, que si ces péchés étaient supprimés, l'harmonie universelle, et Dieu qui en est le principe, seraient anéantis : « Sublatis peccatis, tota rerum series longe alia fu-

la liberté des créatures dans le système de Leibniz : les actions volontaires sont infailliblement déterminées par la nature individuelle de chaque être intelligent, qui contient, comme en un germe, toutes les virtualités de son développement ultérieur. Mais cette nature préexistante elle-même, d'où vient-elle ? Si elle vient de Dieu, c'est Dieu qui est l'auteur de tous les crimes comme de tous les malheurs des créatures. Et alors, où est sa sainteté ? Si elle est éternelle et indépendante de Dieu, voilà une créature idéale, — un être qui n'est pas encore, — plus puissante que Dieu et dictant des lois à sa volonté souveraine. Que deviennent alors la toute-puissance et la liberté divines ? — Et ici, il est difficile de suivre le fil des pensées de Leibniz. Il semble, en effet, osciller entre deux extrêmes, et incliner tour à tour vers le spinozisme qui absorbe toutes les substances en Dieu, et vers l'atomisme qui efface Dieu au profit des substances. Tantôt, les monades ne sont que des fulgurations ou des émanations de la Divinité, qui agit seule en elles, à travers les phases diverses de leur développement. Tantôt, les monades sont des individualités éternelles, habitant les régions idéales de l'entendement divin, et s'imposant, comme du dehors, à la volonté de Dieu. D'une part, Leibniz sacrifie les monades à Dieu ; de l'autre, il sacrifie Dieu aux monades ; ici, c'est Dieu qui fait tout dans les substances indivi-

---

tura fuerit ; sublata vel mutata rerum serie, etiam ultima ratio rerum, id est Deus, e medio tolletur mutabiturque. » Et Leibniz, désignant Dieu par la lettre A, et l'harmonie des choses par la lettre B, ajoute ces paroles : « Si A est, etiam B erit... si B non est, nec A erit. » (*Conf. philosophi.* Inédit.)

duelles; là, ce sont les substances individuelles qui font tout en Dieu. Mais, des deux côtés, Leibniz arrive à un résultat analogue, et il est entraîné par un double courant jusqu'à cette périlleuse doctrine d'un univers éternel et nécessaire, qui se retrouve sous toutes les formes du panthéisme.

Et à travers ces incertitudes et ces contradictions elles-mêmes, apparaît encore la grande unité du système de Leibniz : Dieu, principe de l'harmonie universelle, qu'il conçoit et qu'il réalise éternellement. L'évolution de la pensée divine, voilà le monde idéal des possibles; l'activité divine donnant l'être à cette pensée, voilà le monde actuel et vivant. Mais l'évolution de la pensée divine, et la réalisation de l'harmonie idéale par un acte de la volonté de Dieu, s'accomplissent par une loi infaillible et nécessaire. Les vérités éternelles, et leur nécessité métaphysique que Dieu n'a point faite, planent sur tout le développement des choses, et s'imposent à la volonté divine; ou plutôt, comme ces vérités et ces lois sont Dieu même, c'est par une nécessité intérieure de sa propre nature que Dieu est créateur.

Ainsi, la liberté divine est anéantie comme la liberté humaine; toute personnalité véritable tend à disparaître, soit en l'homme, soit en Dieu. Dieu, comme l'homme, cesse d'être une personne vivante et libre, pour devenir le théâtre où s'exercent des lois éternelles; son action n'est plus qu'une résultante de forces qui détermine sa volonté, comme les lois de la mécanique déterminent le mouvement; le libre choix fait place au jeu inflexible d'une dialectique éternelle.

Dès lors, toute distinction réelle entre Dieu et la nature tend à s'effacer et à disparaître ; car Dieu, comme la nature, obéit à des lois nécessaires : il n'y a entre elle et lui que la différence qui sépare, dans le spinozisme, la *natura naturans* de la *natura naturata*. Malgré son grand principe de la force et de la substantialité des individus, Leibniz n'a pas compris la personnalité morale et libre ; c'est là le vice radical de tout son système, qui part du dynamisme pour revenir au mécanisme, et fait périr la liberté de l'homme et de Dieu sous l'étreinte d'une nécessité absolue (1).

C'est l'esprit géométrique, que M. Saisset appelle

---

(1) On nous trouvera sans doute bien sévère et bien absolu, et un mot de justification nous semble ici nécessaire. — Nous sommes loin de prétendre que Leibniz soit panthéiste. Il avait l'âme trop religieuse, et il était trop attaché aux grandes vérités du théisme, auxquelles la Révélation chrétienne donnait, à ses yeux, une nouvelle sanction, pour accepter une doctrine qui efface toute distinction réelle entre le monde et Dieu. Leibniz est, et restera toujours, l'un des maîtres les plus illustres du spiritualisme. — Nous reconnaissons encore que la philosophie de Leibniz, malgré son caractère très systématique, renferme des éléments complexes et des principes divers qui pourraient conduire à des systèmes opposés. « On peut, avec une égale conséquence, pousser la pensée de Leibniz au réalisme ou à l'idéalisme, à la nécessité ou à la liberté, à l'atomisme ou au panthéisme... elle ne peut subsister qu'en se transformant. » (Ch. Secrétan, *La philosophie de la liberté*, I, p. 157.) — Mais nous croyons cependant que le principe fondamental de sa philosophie, celui par lequel il explique Dieu et le monde, c'est la nécessité ; c'est une nécessité intelligente, sans doute, et non la nécessité aveugle de Spinoza ; mais c'est une nécessité absolue, c'est une loi logique et rationnelle, qui a de périlleuses ressemblances avec l'absolu de Hegel et la dialectique de l'Idée. — C'est cette tendance panthéistique qui nous a frappé dans le système de Leibniz, et que nous nous sommes attaché à combattre, parce qu'elle nous semble le plus dangereux écueil de la philosophie. Nous croyons qu'il n'y a de salut pour l'ordre religieux et moral, qui est pour nous la vérité capitale et suprême, qu'avec le Dieu vivant, personnel et libre, qui n'obéit, en produisant le monde, à aucune nécessité extérieure ou interne, logique ou morale, mais qui devient créateur par un acte libre et souverain de sa puissance et de son amour. Il faut, pour échapper au panthéisme, que Dieu soit *surnaturel*, et que la création soit un *miracle*.

si bien « le mauvais génie de la philosophie moderne, » qui a égaré Leibniz, comme il a fasciné Descartes et perdu Spinoza. Leibniz veut tout expliquer par les lois rigoureuses des mathématiques; tout lui devient problème d'algèbre ou de géométrie, déduction logique ou nécessité rationnelle; tout doit être déterminé *a priori* par une raison suffisante. — Aussi voyons-nous Leibniz confondre sans cesse le libre avec l'intelligible, l'intelligence avec la volonté, la liberté avec la raison. La volonté divine s'efface devant l'entendement divin : Dieu est la géométrie éternelle, la logique vivante, la raison absolue, la nécessité suprême; il n'est pas vraiment libre et vraiment créateur. L'homme, à son tour, est une intelligence finie, une raison éclairée par un rayon de la raison divine; ce n'est pas une volonté active et responsable de ses actions. Dès lors, Dieu et la nature, l'homme et les créatures inférieures, le monde des esprits et le monde des corps, viennent se confondre et se perdre dans une harmonie éternelle des choses, où tout s'accomplit par le jeu infaillible de lois logiques et nécessaires.

Le mal devient alors un mot vide de sens. Dans un système où tout est nécessaire, il ne saurait être question que d'une imperfection métaphysique et inévitable, ou d'un progrès continu vers le bien suprême à travers l'échelle infinie des biens inférieurs. Le mal est expliqué par cela même qu'il n'existe plus.

Nous voici donc ramenés à la négation du mal, seule réponse que Leibniz puisse faire à la question qu'il se pose dans la Théodicée. Nous voici revenus, par un long détour, au point même d'où nous étions partis. C'est par une inconséquence que Leibniz pose en fait la réalité du mal, et il la fait disparaître après l'avoir affirmée; la logique l'entraîne malgré lui à faire du monde un produit nécessaire de l'intelligence et de l'activité divines, un mécanisme immense, où le mal n'a sa place, comme tout le reste, qu'en perdant son véritable caractère et sa réalité.

Ainsi se trouve confirmée la grande et capitale objection que nous élevions, en commençant, contre la Théodicée. En dépit de tous ses efforts, Leibniz ne peut échapper aux conséquences fatalistes et panthéistiques de son système.—L'optimisme des *Essais* est démenti par les faits, que Leibniz dénature en cherchant à les expliquer, en même temps qu'il compromet la sainteté, la puissance et la bonté divines, qu'il a pour mission d'établir.

CHAPITRE II

DE L'OPTIMISME VÉRITABLE, OU DE L'OPTIMISME CHRÉTIEN

Nous nous sommes montré sévère envers l'optimisme de la Théodicée, mais nous croyons l'avoir été avec justice. Nous avons eu soin, d'ailleurs, en combattant Leibniz, de ne pas confondre les convictions de l'homme avec les théories du philosophe, ni les intentions pures d'une âme religieuse et sincère avec les funestes conséquences d'un système.

Mais, pour être tout à fait juste envers la Théodicée, hâtons-nous de reconnaître la grande part de vérité qu'elle renferme. Si l'optimisme des *Essais* est condamné par l'expérience, comme par les principes éternels de l'ordre moral, l'optimisme n'en est pas moins la vérité; et c'est la gloire de Leibniz de l'avoir compris. La Théodicée est une apologie de l'œuvre divine entreprise *a priori* au nom des perfections de son auteur; si la tentative a été malheureuse, le sentiment qui l'inspira n'en demeure pas moins pur et vrai, et c'est par là que l'œuvre de Leibniz sera « éternellement admirée, aussi longtemps que le goût du grand et du beau n'aura pas péri sous des habitudes frivoles » (1). Ce n'est pas son optimisme qui fait le vice radical de la Théodicée, c'est son fatalisme.

Comme Platon, comme Malebranche, comme tous les hommes qui joignaient à la supériorité du génie un profond sentiment des choses divines, Leibniz a compris que Dieu agit toujours d'une manière digne de lui. Puisque Dieu est souverainement bon et parfait, son œuvre doit être souverainement parfaite et bonne ; sa sagesse doit choisir les meilleurs moyens pour réaliser la fin la meilleure ; — tels sont les principes que Leibniz a eu la gloire de proclamer avec plus d'éclat que personne, et ces principes s'imposent à toute philosophie qui veut être religieuse.

L'optimisme n'est que la conséquence naturelle et nécessaire de la foi en Dieu ; c'est tout ensemble un besoin du cœur et un postulat de la pensée. Comment admettre, en effet, que l'œuvre d'un Dieu tout-puissant, tout sage et tout bon, soit indigne de sa puissance, de sa sagesse et de son amour ? Comment supposer qu'il n'a pas tout fait avec convenance et avec choix, et calculé toutes choses pour le plus grand bien de ses créatures, comme pour sa propre gloire ? Une création défectueuse et imparfaite accuserait d'impuissance le Créateur ; un monde où régneraient le mal et la souffrance donnerait un démenti formel à la sainteté de Dieu comme à son amour.

Mais le problème se pose précisément dans ces termes ; car le spectacle de la vie humaine et de l'uni-

(1) Cousin, *Cours de l'hist. de la phil. mod.*, 1re série, t. Ier, leçon XIII.

vers prête des armes à ceux qui nient la souveraine bonté du Créateur, comme à ceux qui la proclament. Nous trouvons dans la nature et en nous-mêmes, tout ensemble des preuves éclatantes de l'amour de Dieu, et de redoutables objections contre cet amour; les données de l'expérience justifient Dieu et l'accusent tour à tour, et l'on ne sait qui l'on doit croire, ou du cantique de louanges par lequel la nature célèbre son auteur, ou du long cri de souffrance et d'angoisse qui monte de la terre vers le ciel. Il faut à tout prix pénétrer le mystère de ces témoignages contradictoires, qui s'élèvent en même temps en faveur de Dieu et contre lui; il faut concilier entre eux le langage des faits, qui semble accuser la bonté souveraine de Dieu plus qu'il ne la justifie, et le langage de la raison et du cœur qui la proclame avec une irrésistible puissance.

Admettre la liberté, c'est faire un premier pas vers la solution du problème; l'explication du mal devient alors possible, un rayon de lumière éclaire les ténèbres où se perd la pensée, et la philosophie a retrouvé son flambeau.

Si Dieu est avant toutes choses, s'il est le commencement véritable et absolu, il est libre; car qui pourrait borner son être infini, ou contredire sa volonté souveraine? On ne peut donc prévoir s'il créera ou s'il ne créera point : un acte absolument libre se constate, comme un fait, mais ne saurait se déduire logiquement, comme une conséquence de son principe. — Mais Dieu a créé; cela est certain, puisque le monde existe. Il a donc créé par un acte libre; et par cela même qu'il est libre, cet acte est un acte d'amour. Quel serait en effet le principe de la création, si ce n'était pas l'amour de la créature à venir? Dieu peut-il obéir à une nécessité extérieure ou à une logique intérieure des choses, lui qui est absolument libre et souverain? A-t-il besoin de sa créature, et doit-il réaliser l'univers pour se réaliser lui-même, lui qui est la plénitude de l'être et de la vie, la perfection absolue et la souveraine félicité? Si donc le Dieu absolument libre et parfaitement heureux devient créateur, le but de la création ne peut être que la créature elle-même, ce qui revient à dire que Dieu crée par amour, et en vue du bien de ce qui sera créé. Mais quel plus grand bien pour la créature que de participer à la nature divine et de ressembler à Dieu? Aussi Dieu a-t-il créé à son image, et, parce qu'il est libre, il a créé un monde de liberté.

Voilà déjà une vérité capitale qui nous est acquise : Dieu libre, créant par amour des créatures libres comme lui.—Ces idées nous paraissent aussi simples et aussi lumineuses qu'elles sont grandes et fécondes, et elles nous semblent être le seul fondement d'une philosophie véritable. Et cependant, qu'ils sont rares les philosophes qui les ont sérieusement acceptées et qui ont déployé toute la richesse de leurs conséquences! On n'était jamais arrivé, dans l'antiquité, à l'affirmation nette et précise d'une création libre, et à la notion sérieuse et profonde de la liberté dans les créatures. Depuis le christianisme, ces grandes vérités sont plus familières à la philosophie; mais que de fois il est arrivé, qu'après avoir proclamé la création un acte libre de l'amour de Dieu, on s'est laissé entraîner à y voir une manifestation éternelle et nécessaire de la vie divine, et l'on a fait glisser ainsi le spiritualisme sur la pente fatale du panthéisme ! Leibniz nous en a été un éclatant exemple, et on pourrait en trouver beaucoup d'autres. — D'où vient cette contradiction étrange où tombent les plus grands et les meilleurs esprits ? D'où vient cette fascination mystérieuse exercée par le panthéisme sur les spiritualistes les plus convaincus et les plus sincères ? C'est que le Dieu de Leibniz et de son école n'est par lui-même qu'une unité vide, abstraite et stérile, un être immobile et inerte, qui a besoin de produire l'univers pour devenir actif et vivant. Il n'y a de Dieu vraiment personnel et vivant, capable de se suffire pleinement à lui-même, et produisant le monde par un acte libre et souverain, que le Dieu à la fois un et complexe que nous révèlent les Ecritures. Seul, en effet, il n'a pas besoin, pour être éternellement actif, d'être éternellement créateur, car il trouve en lui-même un éternel objet d'activité et d'amour, une société mystérieuse, un commerce ineffable et incessant qui porte le mouvement et la vie dans les profondeurs de son essence éternelle.

C'est donc sur les principes de la théodicée chrétienne que s'appuie, en définitive, le grand principe d'une création libre, qui seul peut fonder l'optimisme véritable ; dès nos premiers pas, nous rencontrons le christianisme et nous marchons à sa lumière.

Si la liberté divine est absolue, la liberté de la créature ne peut être que relative. Dieu est le bien suprême : sa volonté est la règle éternelle du bien, qu'elle détermine au lieu d'être déterminée par lui; mais la volonté créée a sa règle hors d'elle-même, et elle est appelée à se déterminer pour le bien, c'est-à-dire pour Dieu, ou dans le sens contraire. Dieu est à lui-même son centre et sa loi; le centre et la loi de la créature sont en Dieu, et elle doit se rattacher librement à lui, tout en étant libre de s'en séparer, pour se servir de centre à elle-même. — Si la créature libre se détermine dans le sens de Dieu, et accepte la volonté divine comme la règle de la sienne, c'est l'ordre et l'harmonie, c'est l'union des volontés, c'est le commerce intime des êtres spirituels avec le Père des esprits, c'est l'échange mutuel de l'amour, c'est la sainteté et le bonheur, et, pour tout dire en un mot, c'est *le bien*. — Si la créature se détermine dans le sens contraire, et refuse à Dieu l'hommage de son obéissance et de son amour pour se l'adresser à elle-même, c'est le désordre et la révolte, c'est la créature entrant en lutte avec son Créateur et aspirant à usurper sa place, c'est la guerre entre des volontés ennemies, c'est *le mal*.

Ainsi l'opposition du bien et du mal, qui est impossible aussi longtemps que Dieu demeure dans le sanctuaire de son essence éternelle, devient possible aussitôt que la créature morale et libre est créée. Ce dualisme virtuel du mal et du bien est impliqué par la création d'un monde de liberté, qui seul est digne de Dieu parce que seul il est à son image.

C'est ce que Leibniz a entrevu lorsqu'il justifie le monde actuel, malgré le mal qui s'y trouve, comme le meilleur des mondes possibles. Mais il ne s'approche un instant de la vérité que pour s'en éloigner aussitôt, en faisant du mal lui-même, et non de la liberté, d'où peut naître un jour le mal, la condition du meilleur et l'objet du choix de Dieu. Dieu ne veut pas le mal, comme le prétend Leibniz, pour qu'il en arrive du bien; il veut l'être moral et libre, capable de vouloir avec Dieu ou contre Dieu, c'est-à-dire capable d'adhérer librement au bien ou de se constituer moralement dans le mal. Dieu n'a pas fait des êtres méchants, il a fait des êtres libres; il leur a donné le pouvoir de ratifier par un choix volontaire le rapport naturel qui les unissait à lui, ou de briser violemment ce lien pour dresser leur volonté en face de la sienne. Ce n'est pas le mal, mais la liberté de la créature, impliquant la possibilité du mal, qui entre, comme un élément essentiel et primitif, dans le plan divin.

Ainsi entendu, l'optimisme est la vérité. Ce monde, malgré le mal qui le dégrade, est le meilleur. Le mal, en effet, n'est qu'un tragique accident de la liberté. Dieu ne l'a pas voulu, mais il n'a pas voulu l'empêcher, parce qu'il aurait détruit par là la liberté elle-même qui est le plus magnifique présent que l'amour du Créateur puisse faire à ses créatures. Malgré tous ses orages et tous ses périls, la liberté vaut la peine d'être créée, car elle est l'image même de Dieu; seule elle rend possible l'amour de la créature répondant à l'amour du Créateur, la volonté créée faisant alliance avec la volonté divine, et cette harmonie volontaire et consentie du monde moral, qui est le bien véritable et le but suprême de la création. C'est ainsi que l'optimisme timide de Leibniz, — pour qui notre monde est plutôt le moins imparfait que le meilleur des mondes, ou n'est le meilleur qu'en un sens relatif, — devient un optimisme sans restriction ni réserve, parce qu'un monde de liberté est le meilleur en un sens souverain et absolu.

Par la création de la liberté, le dualisme du bien et du mal était devenu possible : la créature libre avait le pouvoir de devenir à son tour un commencement nouveau, comme Dieu est le commencement absolu. — Or, cette possibilité s'est réalisée, ce dualisme virtuel est devenu un dualisme réel. Le dualisme n'est donc pas éternel : son apparition est une date de l'histoire ; et cette date est le jour où, pour la première fois, une créature libre, au lieu de vouloir avec Dieu, opposa violemment sa propre volonté à la volonté divine, et se constitua dans la révolte contre son Créateur.

Voilà ce que nous enseigne le christianisme. — Et c'est là ce qu'une saine philosophie, jalouse d'observer les faits et d'en rendre compte, devrait enseigner aussi ; mais c'est là ce que les philosophes ont rarement su voir. Quand ils n'ont pas méconnu la sanglante réalité du mal, ils l'ont expliquée tantôt par la lutte éternelle de deux principes divins ; tantôt par le dualisme d'un Dieu formateur du monde, et d'une matière rebelle qu'il n'a point faite ; tantôt enfin par une loi primitive du développement et du progrès, qui enlève au mal son véritable caractère. — Mais la Révélation nous donne la vraie solution du problème ; elle met en pleine lumière le Dieu unique et éternel, principe de tout ce qui est, créateur d'une œuvre bonne, et père de créatures libres, capables de vouloir avec lui ou contre lui. Ce sont elles qui ont enfanté le dualisme en se détournant de Dieu. La Bible se tait sur les circonstances de la première apparition du dualisme dans l'histoire du monde, et rien ne saurait suppléer à son silence. Mais elle affirme le fait lui-même, et cela suffit. Elle nous montre le dualisme antérieur à l'homme, et nous parle du séducteur qui l'excita à la désobéissance et à la révolte ; elle nous dit que cet esprit puissant, dans l'ivresse de sa gloire et de sa beauté, voulut s'égaler à Dieu même, lui refusa l'obéissance qu'il lui devait, et entraîna d'autres esprits à sa suite, pour se constituer avec eux dans la révolte et dans le mal.

Ainsi, l'homme n'est pas la première des créatures libres dans l'ordre de leur hiérarchie, et il n'est pas la première qui se soit détournée de Dieu. Il est sorti innocent et bon des mains de son Créateur ; il était uni à Dieu par un rapport naturel et primitif : il se sentait sous sa dépendance et l'objet de son amour, et entretenait avec lui des relations familières et enfantines. Mais parce qu'il était une créature morale, il devait être appelé à ratifier par un choix volontaire le lien qui l'unissait déjà à Dieu comme à son Créateur, et transformer par là ce commerce instinctif et spontané en union libre et consentie ; il fallait que sa liberté fût mise en demeure de se déterminer elle-même ; il devait, par un acte conscient et réfléchi, accepter la volonté divine pour règle de la sienne, et répondre à l'amour de Dieu par son obéissance et par son amour. Après avoir été créé innocent, il était appelé à devenir saint. — Il fallait donc une épreuve à sa liberté : il fallait un commandement précis qui fût la manifestation positive de la volonté de Dieu, et qui provoquât, de la part de la volonté humaine, une décision et un choix. Le récit de cette épreuve nous a été conservé par la Genèse; et les circonstances spéciales qui s'y rencontrent, — le commandement divin portant sur un objet matériel, la tentation qui précède la faute comme la nature du châtiment qui la suit, — s'expliquent merveilleusement par la place particulière qu'occupe l'homme dans la hiérarchie des êtres et dans l'histoire des créatures libres.

Nous n'insisterons pas sur les traits de ce récit, qui recèle un sens si profond, dans sa concision énergique et son admirable simplicité. Qu'il nous suffise de relever ce fait, que l'homme pèche librement; il cède à une tentation, mais il cède tout en pouvant résister. Il fait acte de volonté, mais sa volonté s'affirme pour devenir rebelle; il a conquis sa personnalité morale, mais il s'est séparé de son centre, et il est devenu le jouet des illusions de son égoïsme et des séductions de la puissance du mal; en un mot, le progrès ne s'est accompli que par une chute.

Ainsi, l'origine du mal s'explique par la volonté de la créature libre se séparant de la volonté divine pour la contredire, au lieu de s'unir à elle par l'obéissance et par l'amour. Dans le ciel ou sur la terre, chez les puissances supérieures et invisibles comme chez l'homme, le mal est toujours un acte libre, une détermination volontaire et réfléchie, dont la responsabilité pèse tout entière sur son auteur.

Le désordre physique n'est que le contre-coup du désordre survenu dans le monde moral, centre de la création tout entière. L'univers n'est qu'un théâtre pour l'activité des êtres libres ; la terre est le domaine de l'homme, le milieu nécessaire à sa vie physique, l'instrument de son activité, et, en quelque sorte, l'organe de son corps, comme le corps est l'organe de son âme. Il est donc naturel que le désordre survenu dans le royaume des esprits laisse des traces dans l'univers ; il est naturel que l'homme coupable soit puni dans son corps, qui a été le docile instrument de sa faute, et que la terre, frappée à cause de lui, lui devienne hostile et l'assujettisse à la loi du travail et de la douleur.

Parce que l'harmonie a été brisée entre l'homme et Dieu, elle l'est aussi au sein de l'homme lui-même, comme entre l'homme et la nature, qui fait en quelque sorte partie de son être. L'homme primitif était le roi paisible et respecté de la nature ; l'homme déchu en est devenu l'esclave et la victime, et il doit la vaincre s'il ne veut pas être vaincu par elle. — La Bible nous montre la souffrance et la mort s'introduisant dans le monde à la suite du péché, dont elles sont le juste salaire, et elle nous en donne ainsi la seule explication possible. Si, au plus profond de son être, l'homme proteste contre la mort et se révolte contre la souffrance, c'est qu'il n'a pas été créé pour souffrir et pour mourir, mais pour vivre et pour être heureux. La douleur et la mort sont contre nature : elles sont un accident et un désordre, comme le péché ; ou, si elles sont devenues une loi naturelle, c'est la loi, non de la nature normale et primitive, mais d'une nature troublée par la révolte de l'homme, et devenue tout ensemble complice et victime de sa chute. — L'homme n'ayant pas voulu rendre à Dieu le libre hommage de l'obéissance et de l'amour, doit lui rendre l'hommage contraint du châtiment; sa propre souffrance et les souffrances de tout ce qui vit en société avec lui demeurent comme un éclatant témoignage de sa faute; son malheur est le fruit de son crime.

Ce n'est pas tout. La Bible nous enseigne qu'en Adam s'accomplissent les destinées de l'humanité tout entière : c'est la race humaine qui se détourne de Dieu avec le premier homme et qui est châtiée avec lui. Le fait de la chute nous révèle la grande loi de la solidarité, et cette loi, à son tour, nous explique bien des problèmes.

Les individus d'une même race ne sont point des êtres absolument isolés et indépendants, formant chacun un monde à part et n'ayant aucune relation entre eux, semblables, en un mot, aux monades de Leibniz ou aux atomes d'Epicure; ils sont unis, au contraire, par des liens étroits et indissolubles : ils s'entr'aident et s'entre-soutiennent, travaillent de concert à un but commun, et forment ensemble une réelle et permanente unité. Ce sont des êtres distincts, sans doute, qui se suffisent à eux-mêmes et forment un tout complet; mais ce sont aussi les parties d'un tout plus vaste; ce sont des corps, mais ces corps sont des membres à leur tour : ils appartiennent à un organisme vivant, dont ils ne peuvent être séparés sans violence et sans péril. La vie de la tête est aussi la vie des membres. Chaque homme porte en lui l'humanité, mais le premier homme la personnifie : elle n'existe pas encore hors de lui ; elle se concentre et s'exprime tout entière dans ce type unique et primitif, à la ressemblance duquel seront façonnés tous les individus futurs. C'est donc l'humanité qui s'est rendue coupable en Adam, et il est juste que l'humanité soit punie. — Les eaux du fleuve ne sauraient être pures après avoir été corrompues dans leur source ; le tronc et les rameaux de l'arbre ne peuvent être sains quand la racine est malade. Ainsi en est-il de l'humanité.

La loi de la solidarité, qui rattache par des liens si intimes l'individu à l'espèce, est enveloppée de bien des ténèbres et renferme bien des mystères ; mais si elle nous paraît étrange, c'est que nous avons désappris la loi de l'amour, qui est la loi primitive de notre nature morale, pour devenir esclaves de notre égoïsme. Aussi bien, la loi de la solidarité s'impose-t-elle à nous comme un fait, et ce fait en explique d'autres qui, sans lui, seraient inexplicables. Les individus d'une même famille, les citoyens d'un même pays, les membres d'une même société ne sont-ils pas visiblement solidaires les uns des autres, dans le mal comme dans le bien ? N'y a-t-il pas une responsabilité collective aussi bien qu'une responsabilité individuelle ? Les fils ne souffrent-ils pas des fautes de leurs pères, et ne sont-ils pas les héritiers de leur honte comme de leur gloire ? L'honneur ou le déshonneur d'un seul membre d'une famille, n'est-il pas l'honneur ou le déshonneur de tous ? Les générations suivantes ne portent-elles pas la peine des crimes de celles qui les ont précédées, et ne voyons-nous pas une nation expier la faute d'une autre nation, comme un siècle la faute d'un autre siècle? Et que dire de cette singulière puissance de l'éducation et de l'exemple qui fait de chacun de nous le fils bien plutôt des autres que de lui-même? Ce sont là des faits que nous attestent les résultats de l'expérience journalière, comme les grandes leçons de l'histoire, et qui demeureraient inexplicables s'ils n'étaient pas les applications diverses de la grande loi de la solidarité.

Cette loi est universelle et primitive; c'est un ordre voulu de Dieu et qu'il a voulu pour le bien de l'individu comme pour le bien de l'espèce. L'individu, en effet, ne se réalise pleinement que par ses relations avec les autres individus de sa race. Que serait l'homme sans l'humanité? Une plante sans racines, un édifice sans fondement, un être éternellement dans l'enfance, incapable de se développer, et d'atteindre le but de sa destination primitive. Où en serions-nous si chaque homme devait recommencer à nouveau le travail des siècles, se passer de tous les autres hommes et se suffire à lui-même? Et ce besoin d'aimer les hommes et d'en être aimé, cette sympathie naturelle et instinctive que nous éprouvons pour tous nos semblables, ces grandes lois de la famille et de la société, cette dépendance mutuelle où nous sommes les uns à l'égard des autres, notre impuissance dans l'isolement et notre force dans l'union, ne sont-ce pas là autant de témoignages irrécusables de l'unité essentielle du genre humain, et de cette solidarité voulue de Dieu pour le bien de chacun et pour le bien de tous?

Mais cette loi que Dieu avait établie pour le bien, le péché de l'homme en a faussé l'application, et l'a mise au service du mal. Sans doute, même depuis la chute, la solidarité humaine est féconde en bienfaits : l'histoire des progrès de la science, de la civilisation et des arts est là pour nous le dire. Mais à côté de ces fruits précieux, elle porte des fruits amers, et le lien organique qui rattache l'individu à l'espèce devient pour lui un irréparable malheur. En effet, ce lien est un rapport normal, primitif et bienfaisant en soi ; mais les conséquences qui en découlent pour l'individu valent ce que vaut l'espèce elle-même dont il fait partie. Si donc l'humanité est tombée dans le mal, la solidarité humaine deviendra une solidarité dans le péché et dans le malheur, une contagion fatale du crime et de la souffrance, un triste héritage de la servitude et de la mort. L'individu est dès lors écrasé et opprimé par l'espèce, et ce qui était une puissance féconde de bien, devient une redoutable puissance de mal. — Ce n'est pas impunément que nous venons après soixante siècles d'humanité : nous nous trouvons au milieu du fleuve, et nous ne pouvons remonter vers sa source; le passé de notre race pèse sur nous comme un accablant fardeau, auquel nous ne pouvons nous soustraire. Notre liberté n'est pas intacte et vierge comme celle du premier homme : elle est déjà déterminée par le choix d'Adam. Une mauvaise nature est en nous la plus forte, quoique nous nous sentions toujours responsables de nos actions; nous voulons faire le bien, — faire le bien est notre devoir, — et cependant nous faisons le mal; tous les hommes devraient être saints, puisque tous sont appelés à l'être, et il se trouve que tous les hommes sont pécheurs. — Ainsi, l'opposition entre le droit et le fait, l'esclavage au sein de la liberté, une volonté qui se sent à la fois libre et asservie, voilà la contradiction morale que nous portons en nous-mêmes, et qui serait le plus inouï des paradoxes, si elle n'était pas la plus mystérieuse et la plus redoutable des réalités. — De là ces combats douloureux qui ont arraché à toutes les grandes âmes des cris de détresse; de là cette lutte étrange de deux hommes en nous, que décrit l'apôtre saint Paul avec une si frappante énergie; de là nos aspirations vers la sainteté et notre impuissance à l'atteindre; de là ces efforts presque toujours trahis, ces élans presque toujours stériles, et ce douloureux contraste entre nos désirs et notre conduite, entre ce que nous voulons être et ce que nous sommes. De là enfin, cette indifférence et cet aveuglement plus funestes encore, qui engourdissent quelquefois les âmes et les retiennent enchaînées loin de Dieu, en leur ôtant jusqu'au sentiment de leur misère.

Ce sont là des faits qui, pour être souvent méconnus parce qu'ils sont humiliants à reconnaître, n'en demeurent pas moins réels et redoutables; il ne suffit pas de les nier pour les anéantir, et tout homme qui voudra prendre au sérieux sa conscience et sonder jusqu'au fond son propre cœur, sera forcé d'en avouer la triste et mystérieuse réalité. Ces faits une fois reconnus, il n'y a qu'une seule philosophie qui puisse en rendre compte : c'est la philosophie qui accepte le fait de la chute attesté par les Ecritures, et le grand principe de la solidarité humaine que ce fait implique et suppose. Quelque mystérieux que soient ce fait et ce principe, seuls ils donnent la clef des contradictions de notre condition actuelle et le mot des énigmes du cœur humain. Pascal l'avait bien compris lorsqu'il écrivait ces paroles : « Sans ce mystère, le plus incompréhensible de tous, nous sommes incompréhensibles à nous-mêmes. Le nœud de notre condition prend ses replis et ses tours dans cet abîme, de sorte que l'homme est plus inconcevable sans ce mystère que ce mystère n'est inconcevable à l'homme » (1).

C'est en expliquant les contradictions de la nature humaine et l'introduction du mal dans le monde, que le fait de la chute justifie la sainteté et la bonté divines; en éclairant les ténébreux problèmes de l'anthropologie, que Leibniz ne pouvait résoudre, il rend possible la tâche de la théodicée, et fonde l'optimisme véritable. Les crimes et les douleurs de la terre ne viennent plus maintenant déposer contre Dieu ; c'est contre l'homme seul que s'élève leur témoignage, car l'homme avait été créé capable de sainteté et de bonheur, et il a librement choisi la révolte et la misère. Ce que Leibniz n'a point fait, parce qu'il n'a compris ni la liberté, ni le grand fait

---

(1) *Pensées*, Art. VIII. Ed. Havet, p. 122. Et ce mystère qui en explique tant d'autres trouve lui-même son explication dans le fait de l'unité essentielle du genre humain, qui lui enlève ce qu'il a de choquant pour la conscience et pour le cœur.

de la chute, une philosophie qui accepte sérieusement l'une et l'autre peut seule le faire.

Ainsi, les données de la Révélation nous ont fourni les premières bases d'un optimisme qui maintient à la fois la réalité des faits et la souveraine sainteté de Dieu. Le monde où nous vivons s'explique par la chute; la chute, à son tour, s'explique par la liberté; et ce qui explique la liberté c'est le Dieu personnel et libre, devenu créateur par un acte de grâce et d'amour.

Ce qui donne au problème des choses une première explication et un premier fondement à l'optimisme, c'est la liberté. Et c'est le christianisme qui donne à la liberté de la créature la plus large place dans le plan divin, comme c'est lui qui sauvegarde le mieux la libre personnalité d'un Dieu créateur. Il n'est pas une philosophie qui élève aussi haut la valeur et la dignité de la personnalité morale. Ecoutons à ce sujet un pieux et savant ecclésiastique, qui est un philosophe profond en même temps qu'un croyant sincère :

« Quel mystère, dit-il, que cette lutte morale entre Dieu et la volonté, lutte incroyable où l'homme peut vaincre Dieu!

« Ceci, je l'avoue, est le plus profond des mystères. Mais voici la raison du mystère. Dieu est amour : Dieu a voulu créer des êtres capables de l'aimer. Pour aimer, il faut être libre. Il fallait donc au monde des êtres libres, s'il fallait de l'amour au monde. Sans liberté, la création était physique, muette, inerte et insensible, mais non morale, non intelligente; sans la liberté, la création était sans cœur, sans esprit, sans entrailles; par conséquent sans but et sans beauté.

« Il fallait donc la liberté.

« Mais qu'est-ce que la liberté? C'est le pouvoir réel et absolu de vouloir ou de ne vouloir pas, d'aimer ou de ne pas aimer, d'aimer ou de haïr. Elle est détruite si Dieu triomphe nécessairement et malgré nous. Mais nous sommes libres, nous pouvons dire à Dieu oui ou non. La liberté de l'homme est telle — dès qu'elle est, elle doit être telle — qu'il peut repousser pour toujours le cœur de Dieu » (1).

---

(1) A. Gratry, *Philosophie du Credo*, dial. II, p. 37, 38. — Quelques explications sont ici nécessaires, car il importe de s'entendre sur la vraie notion de la liberté. — La liberté de la créature n'est pas une pure possibilité qui ne se réduit jamais en acte, une faculté indéfinie de choisir éternellement suspendue entre diverses alternatives, un pouvoir abstrait et vide qui se possède toujours et ne se réalise jamais. Non, la liberté n'est pas son propre but à elle-même; c'est en dehors et au-dessus d'elle que se trouvent son but et son objet; elle n'est pas le bien, mais le moyen par lequel le bien doit être réalisé. C'est par elle que la créature doit s'unir à Dieu, et c'est l'union avec Dieu par l'obéissance et l'amour qui est le bien de la créature, la raison, le but et la loi de la liberté. Il faut donc que la liberté se détermine pour Dieu ou contre Dieu, et c'est pour cela qu'une épreuve lui est proposée. La créature est libre alors de se déterminer dans un sens ou dans un autre, et par cette détermination, elle se réalise, elle se constitue, elle achève, en quelque sorte, sa propre création que Dieu avait voulu laisser inachevée. — Mais après l'épreuve, le but de la liberté est atteint, la créature morale est déterminée : elle n'a plus à choisir, mais à persévérer dans son choix. La liberté survit sans doute à cet acte décisif, qui, loin de l'anéantir, l'achève, au contraire, et la réalise; mais elle se transforme en se réalisant : au lieu d'être une volonté flottante et indéterminée, elle devient une volonté déterminée et réfléchie, consciente de son but et en possession de son objet. C'est alors que la *liberté* devient *nature*, et donne naissance à une sorte de nécessité; cette nature est sainte et bienheureuse, ou malheureuse et corrompue, selon le sens dans lequel la liberté s'est déterminée elle-même. — C'est ainsi que la création du monde moral s'achève, pour ainsi dire, et que les deux royaumes du bien et du mal se constituent. Les anges fidèles sont des créatures libres constituées dans le bien, et pour lesquelles il ne saurait y avoir ni péché ni souffrance; les anges déchus sont des créatures libres constituées dans le mal, et pour qui le mal est devenu une véritable nature.

Ces principes s'appliquent aussi à l'homme. Mais ici un élément nou-

Voilà une grande vérité exprimée dans un noble et ferme langage ; et nous voudrions qu'elle fût plus universellement acceptée et comprise. Mais on n'a pas, en général, une idée assez haute et assez sérieuse de la liberté dans les créatures morales. On croirait, en élevant si haut la liberté créée, porter atteinte à la puissance et à la souveraineté absolues du Créateur, et l'on accuse d'orgueil et d'impiété ceux qui prétendent que l'être libre peut résister à Dieu et vouloir contre sa volonté souveraine. C'est là un sentiment qui a droit à tous nos respects, car il se rencontre le plus souvent dans les âmes les plus religieuses ; c'est une sainte pensée que d'humilier l'homme devant Dieu et d'abaisser toute créature devant la majesté du Créateur. Mais ce sentiment peut avoir ses écarts et ses excès ; il peut enfanter de chimériques scrupules, et devenir une pusillanimité de la pensée qui n'ose aller jusqu'au fond d'elle-même. — Qui ne voit, en effet, qu'affirmer la liberté de la créature, ce n'est pas anéantir sa dépendance ? Dieu demeure toujours le centre et la loi des êtres libres : c'est au péril de leur bonheur et de leur vie qu'ils se séparent violemment de Dieu, et préfèrent

---

veau vient compliquer le problème. L'homme n'est pas un individu seulement, il est aussi une famille, une race, une espèce : il y a l'humanité et il y a les hommes, et ces deux termes sont unis entre eux par une solidarité si étroite, que l'épreuve de la liberté de l'humanité est l'épreuve de la liberté pour tous les hommes : ce qui était *liberté* dans le chef devient *nature* dans les membres. Ainsi la liberté de l'individu, qui paraît inviolable, et dont il a un sentiment invincible puisqu'il se sent obligé par la loi, est enchaînée par la nature que l'humanité lui a faite. Il est donc à la fois libre et esclave ; sa volonté est tout ensemble déterminée et indéterminée : elle aspire au bien et elle est retenue dans le mal. — C'est là la contradiction vivante qui est en nous le fruit de la chute, et que la rédemption vient détruire.

la révolte et la haine à l'obéissance et à l'amour. Qui ne voit, d'ailleurs, que si la séparation volontaire n'était pas possible, l'union libre et consentie ne le serait pas non plus? L'homme ne peut dire *oui* à Dieu qu'à la condition de pouvoir lui dire aussi *non*; il ne peut donner son cœur que s'il a le pouvoir de le refuser; il ne peut obéir et aimer que s'il lui est possible de ne point aimer et de désobéir.

Qui ne voit, enfin, que plus grandit la personne humaine, plus grandit du même coup la personne divine? Une liberté créée, capable de devenir un commencement nouveau et d'être en quelque sorte créatrice à son tour, bien loin de contredire la puissance souveraine de Dieu, est au contraire le chef d'œuvre où éclate le mieux cette puissance, en même temps qu'elle est la plus merveilleuse manifestation de l'amour divin. Ne serait-ce pas diminuer Dieu, que de lui refuser le pouvoir de créer des êtres de la même race que lui, dont la volonté existe à côté de sa volonté, et avec qui il puisse entrer en société et traiter alliance?

Le Dieu vraiment libre, vraiment tout-puissant et vraiment infini est le Dieu qui peut se limiter, s'il le veut, ou rester sans limite; qui peut tout remplir de sa volonté souveraine, ou la restreindre et la replier, pour ainsi dire, sur elle-même, afin de laisser une place à une volonté distincte de lui. Ne craignons donc pas de trop insister sur la valeur et sur le rôle de la liberté créée, pourvu que nous affirmions que cette liberté a sa règle en Dieu de qui elle dépend; car plus l'œuvre divine sera grande, plus grandira la gloire de celui qui en est l'auteur ; et je ne connais rien au monde qui donne une plus haute idée de la puissance de Dieu comme de son amour, que la création de ces êtres libres que Dieu a revêtus de son image, et dont il a rendu, en quelque mesure, la volonté souveraine, à la manière dont il est lui-même souverain.

Ainsi, la liberté sérieusement comprise, avec toute sa dignité et tous ses périls, avec ses glorieux priviléges et ses redoutables conséquences, voilà la première réponse aux questions que se pose toute théodicée sérieuse, et le premier fondement d'un optimisme véritable.

Cette réponse devrait, semble-t-il, suffire à notre pensée, car le mal est expliqué, et Dieu est absous; il ne nous reste plus qu'à nous faire de la liberté une idée assez haute, pour comprendre qu'un monde de créatures libres, malgré la déchéance volontaire de quelques-unes et les tragiques conséquences qui l'ont suivie, est le meilleur monde au sens absolu, le seul digne de la puissance de Dieu comme de son amour.

Mais si notre pensée est satisfaite, notre âme ne l'est pas : elle souffre et se demande avec angoisse s'il n'aurait pas mieux valu un monde sans liberté, mais impénétrable au crime et à la souffrance, qu'un monde d'êtres libres troublé par des accidents si funestes. C'est en vain que nous faisons effort pour élever nos regards jusqu'à ces créatures libres et bienheureuses, qui ont volontairement choisi l'alliance de leur Dieu, et qui trouvent leur félicité comme leur gloire dans l'obéissance et dans l'amour. Nous sommes des hommes; nous sommes assujettis au mal et à la souffrance, et la douleur qui nous oppresse forme autour de nous comme un nuage qui nous dérobe la sereine lumière où vivent les esprits supérieurs. Et si nos yeux percent le sombre voile qui nous cache le ciel, le spectacle du bonheur qu'on y goûte nous attriste plus qu'il ne nous console; cette joie semble insulter à nos larmes, et cette félicité nous est cruelle, parce qu'elle nous paraît achetée au prix de la nôtre.

Le trouble de notre cœur jette à son tour le trouble dans notre pensée, et de nouvelles objections se pressent sur nos lèvres pour nous faire douter de la justice et de l'amour de Dieu. — Nous comprenons, sans doute, que les créatures célestes qui se sont volontairement séparées de Dieu demeurent irrévocablement éloignées de lui, et trouvent leur châtiment éternel dans cet éloignement même. Mais notre condition est bien différente. Nous sommes éloignés de Dieu par notre naissance avant de l'être par un acte personnel de notre volonté; le péché est pour nous un malheur avant d'être un crime; il nous est imposé du dehors avant d'être voulu avec conscience et avec choix. L'humanité a perdu sa route, et c'est de cette humanité égarée que nous faisons partie; nous sommes séparés de Dieu par un abîme que nous n'avons pas creusé; la faute de notre race, qui n'est pas notre faute personnelle et volontaire, pèse sur nous, et notre liberté mutilée est impuissante à ressaisir ce que la liberté du premier homme nous a fait perdre. La condition morale de l'homme n'est donc plus sa condition normale et primitive, et le but que Dieu s'est proposé en le créant n'est plus atteint. Car Dieu voulait des créatures capables de s'unir à lui par l'obéissance et par l'amour, par le don libre et volontaire du cœur ; et nous ne sommes plus libres : nous ne nous appartenons plus pour pouvoir nous donner.

Aussi longtemps que subsistent ces conditions anormales, Dieu n'est justifié qu'à demi. Un optimisme qui me montre un Dieu indifférent à un désordre dont les suites compromettent les lois même du monde moral, est un optimisme menteur et cruel. Je vois le Dieu saint qui n'a point produit le mal, et le Dieu juste qui le punit ; je ne vois pas le Dieu d'amour qui le répare. J'adore sa majesté redoutable, mais je ne retrouve plus sa paternelle bonté. La fatalité du mal et de la souffrance pesant sur l'humanité, créée pour le bonheur et pour le bien, ne saurait être le dernier mot du Dieu tout-puissant et tout bon. Il nous faut un optimisme qui nous relève et nous ouvre les perspectives d'un nouvel avenir.

C'est là ce que donne le christianisme, qui est l'optimisme véritable, parce qu'il est l'optimisme de l'amour et de l'espérance, comme il est l'optimisme de la liberté. Le Dieu de l'Evangile n'a pas voulu empêcher la chute du premier homme, parce qu'il aurait détruit par là cette liberté qu'il a voulue et qu'il veut toujours ; mais il a ménagé à l'humanité déchue un moyen de relèvement. Il respecte assez son propre ouvrage pour permettre aux êtres libres de réaliser le mal, et de devenir, en face de lui, des puissances malfaisantes, capables de troubler son œuvre et d'exercer sur le monde un redoutable empire ; mais il ne demeure point indifférent et impassible en présence de ce funeste désordre. A ce déploiement immense du mal et de ses fatales conséquences, il oppose un déploiement plus immense encore de sa miséricorde et de son amour.

Dieu n'abandonne pas les hommes qui l'ont abandonné : il les suit, il les cherche avec amour dans les routes tortueuses où ils se sont égarés ; il leur parle, il les appelle ; il se révèle à eux et leur communique la clarté toujours croissante de sa lumière ; il s'approche toujours plus près de l'homme, et s'abaisse enfin jusqu'à prendre rang lui-même dans l'humanité, pour relever toutes ses ruines, et la ramener au but primitif, qu'il ne veut lui faire atteindre qu'en le lui faisant dépasser. Le développement progressif de ce plan de restauration que Dieu poursuit à travers les siècles s'appelle l'histoire ; et le centre de l'histoire, c'est Jésus-Christ, qui est venu accomplir cette restauration elle-même.

Jésus-Christ divise l'histoire en deux parts : il projette de lumineuses clartés sur les siècles qui ont précédé sa venue et sur ceux qui la suivent ; il est le mot des énigmes du passé et de celles de l'avenir. — Avant lui tout le prépare. La promesse faite par Dieu au jour même de la chute ; l'alliance traitée avec Israël, la loi et la prophétie, la captivité et la dispersion des Hébreux ; les révolutions des empires et les migrations des peuples ; les religions païennes avec leurs pressentiments secrets et leurs erreurs sanglantes et impures ; les philosophies avec leurs éclairs de vérité mêlés de ténèbres et d'impuissance ; — tout travaille de concert à préparer le monde pour la venue de son Rédempteur. — Après Jésus-Christ, tout concourt à l'accomplissement de son œuvre; les progrès de la civilisation comme les conquêtes de la science, les calculs de la politique comme l'extension croissante du commerce et la diffusion progressive des lumières; — tout contribue à faire parvenir à tous les hommes la connaissance du salut qu'il est venu apporter au monde.

Au temps marqué par la sagesse divine, lorsque la douloureuse expérience des siècles a convaincu l'humanité de sa misère et de son impuissance, lorsque l'attente du Libérateur promis s'est répandue parmi tous les peuples, et que les voies sont prêtes pour la diffusion rapide de l'Evangile, le Christ vient au monde, le Fils de Dieu se fait homme, et il accomplit ce que lui seul pouvait accomplir.

Pour la seconde fois, le genre humain tout entier s'incarne dans un individu; un second Adam répare les ruines que le premier avait faites, et après avoir anéanti le passé, il ouvre un nouvel avenir. Le Christ porte en lui l'humanité coupable, fille d'Adam, et la fait mourir sur la croix; et il est lui-même le père d'une humanité nouvelle et sainte. Obéissant et châtié, il paie à la loi divine la double dette de châtiment et d'obéissance que nous lui devons. C'est l'humanité qui meurt et qui obéit avec lui; elle expie en lui la faute qu'elle avait commise en Adam, et par l'obéissance de Jésus-Christ, qui est la sienne, la liberté de l'humanité se détermine dans le sens de Dieu, comme elle s'était déterminée contre Dieu par la désobéissance du premier homme. — Dès lors, le désordre est réparé et l'harmonie rétablie ; la mort est vaincue et l'humanité ressuscite avec Jésus-Christ, comme elle était morte avec Adam ; elle doit porter l'image du second homme comme elle a porté l'image du premier, et elle échangera le corps mortel et corruptible d'Adam contre le corps glorieux et incorruptible du Christ.

Ainsi, avec Jésus-Christ, le fleuve humain remonte, en quelque sorte, à sa source pour couler dans un sens contraire ; un arbre nouveau est greffé sur le tronc flétri du vieil arbre. En lui s'accomplit la contre-partie du drame qui s'était accompli en Adam : il est un commencement nouveau dans l'histoire, il est le chef d'une seconde humanité. A la redoutable solidarité du péché correspond la solidarité bénie de la sainteté et de la justice, et à l'universalité de la chute l'universalité de la rédemption.

Le relèvement de l'humanité devient celui de chacun de ses membres, et Jésus-Christ affranchit les individus en accomplissant la restauration de l'espèce. Le passé du genre humain ne pèse plus sur eux ; le joug redoutable de la solidarité du mal est brisé ; l'individu échappe à la fatalité que faisait peser sur lui l'espèce, et retrouve, par Jésus-Christ, sa liberté, qu'avait enchaînée le choix funeste d'Adam ; une épreuve nouvelle lui est rendue possible, et sa volonté affranchie est appelée à se déterminer à son tour. Grâce à l'expiation parfaite accomplie par le Rédempteur, sa vie antérieure, avec son long cortége de fautes et de remords, est effacée et anéantie ; elle ne pèse plus sur lui comme une condamnation, et ne le retient plus enchaîné loin de Dieu : il échappe à son propre passé, comme au passé de l'humanité tout entière. Affranchi de ce double esclavage, il devient en quelque sorte un nouvel Adam, et se trouve reporté, pour ainsi dire, au premier jour du monde : il s'appartient, et il peut se donner ou se refuser librement à Dieu. Cette liberté, qui est rendue à l'homme, est déjà une grâce, et à cette grâce s'ajoutent la promesse et le don du Saint-Esprit ; mais il dépend de l'homme de profiter de ces grâces ou de les négliger, de céder ou de résister à ces attraits divins, d'accepter le don de Jésus-Christ ou de repousser son amour. L'homme, en face de Jésus-Christ, est mis, en quelque sorte, en présence de deux humanités, entre lesquelles il est appelé à choisir ; il lui appartient de s'unir par la repentance et par la foi à l'humanité sainte et glorieuse dont le second Adam est le chef, ou de rentrer pour jamais dans l'humanité malheureuse et déchue, en confirmant, à son tour, et pour son propre compte, le choix qu'avait fait le premier homme au péril de toute sa race. Les conditions normales, troublées par le péché, se trouvent donc rétablies : chaque homme est appelé, en face de Jésus-Christ, à dire, à son tour, *oui* ou *non*; et c'est là l'épreuve décisive de la liberté qui lui est rendue.

Mais Jésus-Christ fait plus que de réparer et de rétablir : il perfectionne et il transfigure. L'humanité nouvelle est infiniment plus glorieuse que l'humanité primitive. Dieu est trop magnifique dans ses dons pour se borner à relever ce qui était détruit, et sa puissante main, en réparant des ruines, élève un édifice plus majestueux et plus digne de lui. Aussi la restauration est-elle un progrès ; c'est une seconde création plus parfaite et plus magnifique encore que la première. L'humanité nouvelle est aussi élevée au-dessus de l'humanité primitive que le Christ lui-même est élevé au-dessus d'Adam. Le premier homme était capable de s'unir à Dieu par l'obéissance et par l'amour. Le second Adam est cette union même accomplie et réalisée dans une personne vivante ; c'est Dieu en l'homme, c'est Emmanuel ; c'est l'homme idéal, mais transfiguré ; c'est l'homme primitif, mais élevé à un plus haut degré de dignité et de gloire ; c'est l'homme, créé inférieur aux anges, qui devient infiniment supérieur à eux.

Et cette restauration, qui transfigure l'humanité primitive, marque aussi un progrès universel dans la création : tous les désordres sont réparés, et l'harmonie en devient plus glorieuse et plus belle ; ce sont de nouveaux cieux et une nouvelle terre où la justice habite ; c'est la défaite définitive des puissances ennemies, et le règne de Dieu se développant sans contradiction et sans obstacle ; c'est l'amour divin se révélant tout entier par le sacrifice, et causant aux anges même des ravissements de joie qu'ils n'avaient pas encore connus ; c'est un progrès dans l'amour et dans le bonheur ; c'est une perfection plus éclatante, et que rien désormais ne pourra troubler ni ternir.

C'est ainsi que Dieu répare et corrige, et qu'il fait de la chute même un moyen de perfectionnement et de progrès; c'est ainsi que sa puissance et son amour éclatent d'une manière plus merveilleuse encore à l'occasion de la révolte et du péché. Le mal lui-même devient un instrument pour le bien, et ces redoutables périls de la liberté, qui semblaient devoir empêcher Dieu de créer des êtres libres, se transforment, par les ineffables secrets de son amour, en nouveaux moyens de perfection et de gloire.

Leibniz avait entrevu cette grande vérité, lorsque, avec les Pères de l'Eglise, il appelle la chute d'Adam « un péché heureux, *felix culpa*, parce qu'elle a été réparée avec un avantage immense par l'incarnation du Fils de Dieu, qui a donné à l'univers quelque chose de plus noble que tout ce qu'il aurait eu sans cela parmi les créatures » (1). Mais il a le tort de méconnaître la liberté, et de faire du péché et de la rédemption, d'Adam et de Jésus-Christ, les pièces diverses d'une vaste machine sortie telle quelle des mains du Créateur. Cette erreur capitale fait crouler tout l'édifice de son christianisme comme de son système. Il est impie de prétendre que Dieu a voulu le mal comme une condition nécessaire du meilleur des mondes. Dieu ne veut pas le mal; ce qu'il veut, c'est la créature morale et libre; mais il la veut d'une volonté sérieuse et réfléchie, qui a pesé et connu par avance toutes les conséquences possibles de la liberté, et qui s'est ménagé des ressources pour tout réparer et tout rétablir. S'il laisse le mal se réaliser dans le monde, c'est qu'il a déjà

---

1) *Théod.*, Abrégé de la Controverse. Erdm., p. 624.

formé le dessein d'intervenir par le libre effort de sa puissance et de son amour. — La possibilité de la chute se transforme ainsi en une possibilité de progrès.

C'est d'un tel point de vue qu'il est permis d'être optimiste ; c'est l'homme qui est entré dans l'humanité nouvelle dont le Christ est la tête, qui peut s'écrier avec d'inexprimables ravissements de joie : « Tout est bien. » — Pour lui, en effet, tout change, tout se transfigure, tout s'illumine. La douleur a perdu son plus cruel aiguillon, et la mort n'a plus de terreurs. Ses joies lui paraissent plus douces, et ses larmes n'ont plus d'amertume. Il est rentré dans l'ordre, il est réconcilié avec son Père ; il a le pardon de Dieu, la paix avec lui-même et avec ses semblables, et ce pardon et cette paix font l'éternel sujet de sa joie. Il ne marche plus seul ici-bas : Jésus-Christ, — son Dieu, son Sauveur, son ami et son frère, — marche à ses côtés et le conduit par la main. Les souffrances et les déceptions de la vie n'ébranlent pas sa ferme confiance en la paternelle bonté de Dieu et en son amour tout-puissant, car Dieu lui a donné en son Fils une preuve d'amour qui défie toutes les objections et triomphe de tous les doutes. Il sait que la douleur n'est pour lui qu'une épreuve fortifiante et salutaire, un combat, sanglant quelquefois, mais où la victoire lui est assurée par Celui qui combat avec lui. Il se sent aimé de Dieu et il l'aime, et ce mutuel amour suffit à remplir tout son cœur et à illuminer toute sa vie. C'est dans cet amour qu'il puise la force de se dévouer et de souffrir : il sait se donner, et il se rassasie lui-même en se donnant. — C'est ainsi qu'il a retrouvé sa route perdue, et qu'il est né à la vie véritable; s'il ne possède pas encore cette vie dans toute sa plénitude, il s'en console par l'assurance qu'il la possédera un jour tout entière, sans trouble et sans mélange; et, tournant ses regards vers ces demeures éternelles où la souffrance et la mort ne seront plus, il poursuit courageusement sa course : l'espérance le préserve de la lassitude.

Comme le chrétien est optimiste dans les plus humbles détails de sa vie, où il aperçoit toujours le doigt de Dieu, il l'est aussi quand il envisage la marche générale de l'histoire et les destinées de l'humanité. A travers le chaos sanglant des passions humaines, il sait découvrir la main de Dieu, souverainement habile à tirer le bien du mal, et à conduire les hommes au but marqué par sa sagesse et par son amour. Que les événements se pressent, ou qu'ils ralentissent leur marche, que le navire qui porte l'humanité soit enveloppé par la tempête, ou qu'il semble arrêté sur une mer immobile, le chrétien n'en conserve pas moins sa foi inébranlable dans l'avenir. Jésus-Christ n'est-il pas le chef et le roi de l'humanité? N'est-ce pas à lui qu'appartient le sceptre et que demeurera la victoire? N'est-ce pas lui qui doit régner un jour sur tous les hommes jusqu'à ce qu'il vienne remettre la royauté à son Père en lui présentant tous ceux qu'il aura conquis par la puissance victorieuse de son amour?

Le christianisme a donc le droit d'être optimiste,

et il peut l'être d'une manière universelle et absolue : l'optimisme est au commencement et à la fin des choses, et il en remplit tout le milieu.

La création d'un monde de liberté est la meilleure création possible, la seule digne d'un Dieu libre, qui est amour, et qui veut être librement aimé.

Le mal, — dont la possibilité est inévitable, s'il y a des êtres libres, — en devenant une réalité, est devenu une occasion de progrès. Les conséquences de la chute sont réparées par la rédemption, l'humanité restaurée est élevée plus haut que l'humanité primitive, et le don ineffable du Fils de Dieu est la manifestation suprême de l'amour divin, la consommation de l'œuvre tout entière de la création.

Ce plan magnifique de l'amour de Dieu s'est déroulé lentement à travers les siècles, et se déroulera encore jusqu'à ce que tout soit accompli. Quand l'Evangile aura été annoncé à tous les hommes, quand Jésus-Christ se sera lui-même offert à tous, et que chacun aura été mis en demeure d'accepter ou de refuser son amour, alors s'accomplira la séparation définitive. Le Rédempteur introduira dans la gloire tous ceux qui auront saisi la main qu'il leur avait tendue; mais il repoussera ceux qui l'auront volontairement repoussé, et qui auront mieux aimé demeurer la postérité d'Adam que de devenir par la foi la postérité du Christ; car le Sauveur des hommes est aussi leur juge, et l'offre du même amour qui est pour les uns une cause de salut, est une cause de condamnation pour les autres.

Les puissances du mal seront alors vaincues; et l'empire funeste qu'elles avaient exercé pour un temps leur sera ôté. La mort ne sera plus, et l'ordre universel sera pour jamais rétabli. — Le dernier mot restera donc à Dieu, et c'est au bien qu'appartiendra la victoire : les multitudes bienheureuses, dont le Christ est le chef, à l'abri désormais de tous les périls et habitant un univers pacifié, accompliront la volonté divine sans obstacle comme sans effort, et trouveront dans la plénitude de la gloire et de l'amour de Dieu la plénitude de leur félicité et de leur joie. — Dieu sera proclamé souverain par toutes les créatures; mais celles qui se seront volontairement détournées de lui demeureront séparées de lui pour jamais. Tous les hommes reconnaîtront la justice et la bonté de Dieu; mais les uns avec des chants de triomphe, les autres avec un désespoir éternel de s'être exclus eux-mêmes de son amour.

C'est qu'en effet, le christianisme n'est pas optimiste aux dépens de la liberté. Si tout est réparé, rien ne saurait l'être par une loi fatale et nécessaire. Dieu a tout fait pour le relèvement des hommes; — et que pourrait-il faire de plus, après s'être donné lui-même en son Fils? — mais les hommes demeurent toujours des créatures morales et libres, et ils ne peuvent se relever que librement. L'amour divin a tout accompli : le Fils s'est livré pour le salut de tous les hommes, la grâce et les secours de l'Esprit sont promis à tous; — mais il faut que l'homme saisisse la grâce qui lui est offerte, et qu'il fasse le don de son cœur. — Dieu ne veut pas nous sauver malgré nous: il rétablit les conditions normales et primitives de la liberté, mais il faut que cette liberté se détermine;

une nouvelle épreuve est proposée à l'homme, mais c'est l'épreuve suprême et décisive; il ne saurait y en avoir d'autre.

Si l'on nous demandait maintenant en vertu de quel privilége l'homme seul a un Sauveur, nous commencerions par répondre que nous n'espérons pas tout pénétrer et tout comprendre, et qu'il est des profondeurs divines où la lumière même de la Révélation laisse subsister les ténèbres. Le salut est un don gratuit, et le propre de la grâce est d'être absolument libre. Mais, sans vouloir rien ôter à cette absolue souveraineté de la grâce, ni prétendre sonder ces abîmes où les anges mêmes désespèrent de voir jusqu'au fond, peut-être pourrions-nous entrevoir une raison à ce mystérieux privilége. — L'homme n'est pas la première liberté créée. Lorsqu'il apparaît sur la terre, le dualisme existe déjà : une créature libre s'est déjà séparée de Dieu, et exerce contre lui une puissance qu'elle avait reçue pour accomplir sa volonté sainte. De là, une sorte de pression exercée du dehors sur la liberté d'Adam, et qui n'existait pas pour les créatures supérieures. Le premier homme a été sollicité par des paroles séductrices; il est une victime en même temps qu'il est un coupable, et ces conditions spéciales de la chute donnent à l'humanité une sorte de droit à une rédemption accomplie de la part de Dieu. La première épreuve de la liberté humaine n'avait pas, en effet, pour être décisive, les mêmes caractères que la détermination des créatures libres, sur lesquelles ne s'exerçait du dehors aucune influence funeste; et c'est pour cela peut-être que, par un effort inouï de l'amour divin, une seconde épreuve a été rendue possible, et qu'un Rédempteur a été donné à l'humanité pour réparer les fatales conséquences de sa chute. Ce serait donc toujours la même loi : l'épreuve de la liberté pour les créatures morales. Ce serait toujours, de la part de Dieu, le même amour uni au même respect pour la liberté qu'il a voulue. Ce qui semble une exception confirmerait alors l'universalité de la règle, et les ténèbres mêmes se transformeraient en lumineuses clartés.

C'est ainsi que dans le christianisme se concilient l'optimisme et la liberté. Et c'est la différence capitale qui sépare, comme par un abîme, l'optimisme chrétien de l'optimisme de Leibniz, qui est celui du fatalisme absolu. — Dans le système de Leibniz, c'est la nécessité, en définitive, qui est au commencement et à la fin de tout; dans le système chrétien, la création est un don gratuit et un miracle comme le salut : tout est liberté, tout est grâce, tout est amour. — Leibniz se voit forcé, tour à tour, de nier les faits pour justifier Dieu, ou de nier Dieu pour maintenir les faits. L'optimisme chrétien reconnaît tous les faits : il laisse au mal son tragique et sanglant caractère; il est aussi éloigné de nier la douleur que d'amoindrir le péché. Mais il sait expliquer l'un et l'autre, et justifier également la sainteté de Dieu et son amour.

La chute et la rédemption, Adam et Jésus-Christ, la liberté de la créature et l'amour tout-puissant du Dieu créateur, voilà le double secret de l'histoire de notre race, et le double fondement d'un véritable optimisme. Ou plutôt, comme il n'y aurait pas eu un

Adam, s'il n'avait pu y avoir un Christ, c'est Jésus-Christ qui est le mot de tout le problème, et qui explique la création comme il explique l'histoire (1).

(1) Le Fils est Créateur aussi bien que Rédempteur, et c'est grâce à sa médiation éternelle que Dieu supporte l'humanité déchue, devenue la proie de la corruption et de la mort. « Sans Jésus-Christ, a dit Pascal, le monde ne subsisterait pas, car il faudrait qu'il fût détruit ou qu'il fût comme un enfer. »

CHAPITRE III

LEIBNIZ ET LE CHRISTIANISME. — CONCLUSION

Nous venons d'esquisser en quelques traits l'optimisme chrétien en l'opposant à celui de la Théodicée.

Et cependant, c'est au point de vue chrétien qu'a voulu se placer Leibniz. Il invoque souvent les théologiens et la Bible, les Pères et les conciles, et prétend, par son système, expliquer tous les dogmes, mettre fin à toutes les controverses, réconcilier tous les docteurs. Il pose en fait l'harmonie de la raison et de la foi : aucun problème théologique ne lui paraît trop obscur ou trop difficile, tant il se confie aux ressources de son esprit et aux principes de sa métaphysique. — D'où vient donc cet étrange contraste entre le point de départ de la Théodicée et ses résultats, entre le but que Leibniz se propose d'atteindre et le terme auquel il vient aboutir?

C'est que Leibniz n'a pas compris le christianisme. — Et d'abord, les discussions de l'école et les subtilités des théologiens lui dérobent souvent les grands faits de la Révélation chrétienne; il perd de vue ce qui en est le centre, pour s'engager dans des controverses secondaires, et dans de minutieuses questions de détail, le plus souvent inutiles ou insolubles.

Mais c'est par une raison plus profonde que le véritable sens des faits chrétiens lui échappe : c'est pour n'avoir pas compris la liberté qu'il n'a pas su comprendre le christianisme.

Il a, il est vrai, des éclairs d'intelligence et des intuitions de génie ; son esprit était trop vaste, et son regard trop pénétrant, pour qu'il ne sût pas deviner et pressentir toutes les richesses de la vérité chrétienne. Aussi l'avons-nous vu, à plusieurs reprises, saisir les faits de la chute et de la rédemption dans toute leur profondeur. Quand il écrit cette fière parole : « Mieux vaut une grande victoire avec une légère blessure qu'un état sans blessure et sans victoire, » il entrevoit qu'un monde de liberté, malgré ses tragiques aventures, est le meilleur des mondes possibles en un sens souverain et absolu. — Quand il répète le *felix culpa* des Pères de l'Eglise, il entrevoit que la rédemption, qui élève l'humanité restaurée au-dessus de l'humanité primitive, transforme la possibilité du mal en une possibilité de progrès, et donne ainsi à l'optimisme sa vérité suprême.

Leibniz a donc tout entrevu, et il aurait tout compris, s'il n'avait pas méconnu la liberté ; mais, parce que la liberté est bannie de son système, sa doctrine du meilleur, et les éléments chrétiens qu'il y mêle, perdent leur sens et leur portée. Ce sont des mots abstraits et vides, la réalité vivante a disparu. Il a de vives intuitions de la vérité, mais ce sont des éclairs qui disparaissent sans laisser de traces ; ce sont de brusques élans qui l'entraînent bien loin de son système, où la logique le ramène bientôt, et le retient enchaîné. On le voit osciller sans cesse entre le christianisme, qu'il n'ose comprendre, et sa propre philosophie, à laquelle il ne veut pas renoncer. Aussi est-il à la fois très près et très loin de la vérité; il la côtoie sans cesse, il la saisit par instants, mais il ne la retient et ne se l'approprie jamais, et il s'en sépare par un abîme au moment même où il semblait la toucher. Il parle la langue du christianisme, mais son vrai sens lui échappe, car les nécessités de son système et les principes de sa métaphysique se dressent, comme un éternel obstacle, entre le christianisme et lui.

Au lieu de placer dans le monde moral le centre et le but de la création, il l'abaisse au rang du monde de la nature, et en fait l'un des rouages de la machine immense de l'univers : chaque désordre et chaque souffrance, chaque douleur et chaque crime sont directement voulus de Dieu, ou plutôt, s'imposent du dehors à la volonté divine, comme les éléments de la meilleure combinaison des possibles, la seule qui puisse être réalisée. L'incarnation du Fils de Dieu, comme le péché d'Adam, devient un terme nécessaire de la série, une pièce indispensable de la machine universelle. Ainsi, plus de liberté, plus de grâce, plus de christianisme. — Pas plus que la liberté, les faits chrétiens ne peuvent se renfermer dans l'étroit système de Leibniz : ils le débordent de toutes parts, ils font voler en éclats ses cadres symétriques, et portent le trouble dans la savante harmonie de son univers. Il faut aux miracles du christianisme les larges horizons de la liberté.

Aussi bien, Leibniz n'a-t-il jamais sérieusement accepté les grands faits de la révélation chrétienne. C'était un sectateur de la religion naturelle plutôt qu'un disciple de Jésus-Christ.

Une longue controverse s'est engagée sur la question de savoir si Leibniz appartient au catholicisme ou au protestantisme. Ce n'est pas le lieu de nous en occuper ici. La question, d'ailleurs, nous semble résolue par les études de MM. Emile Saisset, Foucher de Careil et Colani. Ils s'accordent à reconnaître que Leibniz, toujours amoureux de l'ordre et de l'unité, fut séduit un moment par l'imposante majesté de l'Eglise catholique, mais qu'il demeura fidèle au protestantisme par amour pour la liberté.

Au fond, Leibniz n'était ni catholique ni protestant. Il aimait le christianisme, dont il admirait la doctrine morale comme la plus pure qui fût au monde, et où il voyait une puissance féconde de civilisation et de progrès; mais il n'était pas chrétien lui-même : il se contentait d'être un penseur religieux et élevé, et le théisme fut sa religion véritable. Malgré ses écrits pour établir les dogmes de la Trinité et de l'Eucharistie, malgré ses préférences pour les orthodoxes, qu'il trouvait plus conséquents que leurs adversaires, il ne voit dans le christianisme que le théisme le plus pur et le plus parfait. Jésus-Christ est moins, à ses yeux, le Fils de Dieu, devenu homme pour relever l'humanité déchue, que le héraut de la religion naturelle, le révélateur qui continue l'œuvre de Moïse en la complétant. Il est l'organe d'une loi supérieure, la loi d'amour et de charité; — il n'est pas lui-même le centre et l'objet de sa religion.

« Jésus-Christ, dit-il, achevant ce que Moïse avait commencé, a voulu que la divinité fût l'objet non-seulement de notre crainte et de notre vénération, mais encore de notre amour et de notre tendresse. C'était rendre les hommes bienheureux par avance, et leur donner ici-bas un avant-goût de la félicité future... Jésus-Christ acheva de faire passer la religion naturelle en loi, et de lui donner l'autorité d'un dogme public. Il fit lui seul ce que tant de philosophes avaient en vain tâché de faire; et les chrétiens ayant enfin eu le dessus dans l'empire romain, maître de la meilleure partie de la terre connue, la religion des sages devint celle des peuples. Mahomet, depuis, ne s'écarta point de ces grands dogmes de la théologie naturelle; ses sectateurs les répandirent même parmi les nations les plus reculées de l'Asie et de l'Afrique, où le christianisme n'avait point été porté; et ils abolirent en bien des pays les superstitions païennes, contraires à la véritable doctrine de l'unité de Dieu et de l'immortalité des âmes » (1).

Ainsi, Leibniz place sur une même ligne Moïse, Mahomet et Jésus-Christ. Il élève, il est vrai, Jésus-Christ au-dessus de tous les prophètes et de tous les philosophes, mais il ne voit en lui qu'un législateur mieux autorisé que les autres, qui a donné à la loi morale et à la religion naturelle leur sanction suprême et leur forme définitive. Quant aux grands

(1) *Théod.*, Préface. Erdm., p. 469.

faits qui font la folie du christianisme et sa force, Leibniz ne peut les accepter sans renoncer à tout son système, et c'est son système qu'il préfère au christianisme. Lorsque, dans sa Théodicée, prenant pour point de départ l'accord de la raison et de la foi, il parle au nom du christianisme, et veut en justifier tous les dogmes; il est sincère sans doute, mais il ne s'aperçoit pas qu'il défigure étrangement les doctrines chrétiennes, sous prétexte de les expliquer, et qu'il substitue à l'optimisme chrétien, qui est l'optimisme de l'amour et de la liberté, son propre optimisme, qui est celui du fatalisme absolu.

Il aimait donc le christianisme, sans comprendre ce qui en est le centre, ce qui en constitue le caractère unique et distinctif, ce qui le fait être ce qu'il est; je veux dire l'œuvre et la personne de Jésus-Christ. S'il entreprend de le défendre contre les attaques de Bayle, c'est que la cause du christianisme lui paraît étroitement liée à celle de la religion naturelle, ou de la foi en Dieu et en l'immortalité de l'âme. Génie universel, ambitieux de tout embrasser et de tout comprendre, et passionné pour tous les genres de gloire, il aimait se persuader à lui-même, et persuader aux autres, que les principes de sa métaphysique trouvaient partout leur application et leur rôle, et pouvaient seuls mettre d'accord la raison et la foi, comme seuls ils savaient concilier ensemble tous les systèmes des philosophies antérieures.

Servir la cause des grandes vérités du spiritualisme menacées par les attaques d'un scepticisme érudit et railleur, et montrer l'application universelle de ses théories favorites, telle est, croyons-nous, la double inspiration de la Théodicée ; telle est la double explication de ce rôle d'avocat et de défenseur, que prend, en face du christianisme, un philosophe à qui son propre système interdit d'être chrétien.

Nous pouvons donc signaler une double inconséquence dans l'œuvre si une pourtant et si systématique de Leibniz. Il professe le théisme le plus pur, le spiritualisme le plus élevé et le plus généreux ; et il ne s'aperçoit pas que son propre système l'entraîne par un irrésistible courant jusqu'au fatalisme absolu, et jusqu'au seuil même du panthéisme. Il embrasse la cause du christianisme, et vient la plaider, avec toute la chaleur d'une véritable éloquence, à la face d'un siècle qui commençait à en ébranler les bases ; et il ne s'aperçoit pas qu'il méconnaît ce qui fait l'essence de la vérité chrétienne, pour mettre à la place les théories de sa métaphysique.

Ces inconséquences, sans doute, ne portent aucune atteinte à la sincérité de Leibniz, et n'ôtent rien à l'hommage que nous avons rendu à la pureté de ses intentions et à la droiture de son caractère. — Mais, si son âme est religieuse, son système ne l'est pas, et peut conduire aux conséquences les plus funestes ; s'il a cru sincèrement plaider la cause du christianisme, il ne s'en est pas moins gravement mépris, en prenant pour le christianisme les résultats de son propre système habillés de termes chrétiens. La Théodicée demeure cependant un beau livre, que l'on admirera toujours, même en combattant ses doctrines ; car elle est un éclatant témoignage rendu à cette vérité, inscrite au fond de toute âme religieuse : l'œuvre d'un Dieu sage et bon ne peut être qu'une œuvre de sagesse et d'amour, et doit être digne, par la perfection qu'elle réalise, des perfections infinies de son auteur.

Il y a plus. Leibniz a rendu au christianisme un important service, quoiqu'il ait servi sa cause d'une tout autre manière qu'il ne pensait la servir.

L'optimisme de la Théodicée n'est insoutenable, que parce qu'il n'est pas l'optimisme chrétien ; et cette impuissance d'un Leibniz à plaider la cause de Dieu, en dehors des faits de la Révélation chrétienne, franchement acceptés et sérieusement compris, rend un éclatant témoignage à la valeur de ces faits, et à la vérité du christianisme lui-même.

L'optimisme de la religion naturelle, qui est l'optimisme de Leibniz, est en contradiction avec les faits qui s'imposent à nous par une expérience journalière et douloureuse. Voilà pourquoi toutes les grandes âmes, tous les cœurs aimants et généreux ont été pessimistes à la manière de Pascal ; le spectacle de la souffrance et de la mort, de l'égoïsme et du crime, le vif sentiment du désordre qui éclate dans l'homme et dans le monde, leur ont arraché des cris de douleur et d'angoisse, et ont amené sur leurs lèvres des paroles de doute et presque de blasphème. — Mais le pessimisme ne peut être le dernier mot de la philosophie, pas plus que le règne et le triomphe du mal ne peuvent être le dernier mot de Dieu. C'est dans l'optimisme seulement que peut se reposer la pensée, comme le cœur trouver la paix.

Telle est donc la marche nécessaire d'une philosophie sérieuse, conséquente avec les principes du spiritualisme, en même temps que fidèle à maintenir tous les faits : d'un optimisme superficiel et frivole, qui trouve plus facile de nier le mal que de l'expliquer, elle doit aboutir à un pessimisme, qui ne reconnaît au mal sa réalité sanglante, qu'au péril de la foi en l'amour et en l'existence même de Dieu ; mais après avoir traversé ce sombre passage, elle doit retrouver la pure et sereine lumière d'un optimisme plus profond et plus vrai, qui explique les faits au lieu de les méconnaître, et qui fasse éclater, dans toute leur splendeur infinie, la sagesse, la justice et l'amour de Dieu. — Or, cet optimisme nouveau, terme final auquel doit aboutir l'évolution tout entière de la pensée, n'est possible que lorsqu'on fait entrer dans la construction de la science philosophique les grands faits que le christianisme proclame : la chute et la rédemption, Adam et Jésus-Christ, la révolte enfantant le dualisme, et la défaite des puissances rebelles consommant l'unité ; la liberté, en un mot, avec toutes ses conséquences, et l'amour de Dieu avec tous ses miracles. — Une philosophie chrétienne peut seule être optimiste sans mensonge et sans cruauté.

C'est à cet optimisme chrétien, le seul sérieux et le seul légitime, que vient aboutir le pessimisme de Pascal. C'est dans la Révélation chrétienne qu'il a trouvé la réponse à ces contradictions étranges, que son regard profond découvrait en l'homme et dans l'univers, et qui jetaient dans sa pensée, comme dans son cœur, un trouble si tragique et si douloureux.

C'est à la clarté de la même lumière, qu'Alexandre Vinet, le disciple et l'ami de Pascal, retrouve, après ses heures de mélancolique tristesse, cet optimisme paisible qui fait le charme de sa philosophie comme de son caractère. « C'est, dit-il, en restant dans l'enceinte du christianisme positif, qu'on peut organiser, ou plutôt, qu'on voit s'organiser d'elle-même, une philosophie religieuse, claire, cohérente et complète; c'est de là qu'on voit la vie s'éclairer, s'ordonner, les problèmes se résoudre, les dualités se fondre de toutes parts en glorieuses unités, dont chacune est un miroir et une empreinte de la suprême unité » (1).

Nous partageons, pour notre part, la sereine confiance qui inspira ces paroles. Nous croyons que le christianisme contient une philosophie, et qu'elle est la plus vraie et la plus profonde de toutes; nous croyons que la philosophie doit être optimiste, et que les grands faits chrétiens peuvent seuls fonder l'optimisme véritable.

Sans doute, il reste à démontrer la vérité du christianisme lui-même. Mais ce privilége en vertu duquel les faits chrétiens peuvent seuls résoudre les redoutables contradictions qui assiégent notre pensée; cette merveilleuse lumière qu'ils répandent sur les mystères de notre condition actuelle, de nos origines et de notre avenir; cette puissante harmonie qu'ils introduisent dans l'ensemble des vérités; cet optimisme suprême auquel ils ramènent la philosophie; — tout cela ne forme-t-il pas une présomption singulière-

---

(1) A. Vinet, *Littérature française au XIXe siècle*, t. III, p. 283.

ment puissante en faveur de la réalité de ces faits? — Ou plutôt, n'est-ce pas là une preuve directe et formelle? A moins de prétendre que l'homme n'est pas fait pour la vérité, il faut admettre que la vérité se démontre en se montrant, et qu'on peut la reconnaître à ce signe qu'elle est la lumière de toutes les ténèbres, et le mot de tous les problèmes.

Aussi bien, si les preuves historiques sont nécessaires au christianisme, elles ne lui manquent pas non plus; et je ne crois pas qu'il y ait au monde un fait mieux attesté que la résurrection de Jésus-Christ, ou de documents mieux autorisés que les Ecritures. — Mais cette merveilleuse puissance du christianisme à satisfaire les besoins du cœur et de la pensée, et à enchaîner fortement entre elles des vérités, qui, sans lui, demeurent incohérentes et contradictoires, n'est-elle pas un fait, à son tour, d'une singulière importance, et d'une haute signification?

Un homme s'est rencontré, il y aura bientôt dix-neuf siècles, qui, entre autres paroles étranges, a prononcé cette audacieuse parole : « Je suis la lumière du monde. » — Et il se trouve que l'apparition de cet homme est le centre lumineux de l'histoire, d'où mille clartés rayonnent sur le passé et sur l'avenir; il éclaire les hommes et il les sanctifie; il est la lumière des intelligences et la lumière des cœurs. Cet homme a dit : « Je suis la vérité. » — Et il se trouve qu'il est la solution de tous les problèmes qui nous agitent, la réponse à tous les cris de notre âme, la vérité de toutes les vérités; sans lui, l'histoire de dix-huit siècles, et celle de l'humanité tout entière, devient une énigme impénétrable ; sans lui, la pensée a perdu son flambeau, et la science du monde et de l'homme demeure impossible. — Que faut-il conclure ? — Que cet homme a dit vrai de lui-même ; et qu'il faut en croire sa parole, quand il s'écrie, avec cette calme assurance que peut seule donner une certitude absolue : « Je suis la lumière. Je suis la vérité et la vie. Celui qui m'a vu, a vu le Père. »

Vu et lu,
    A Paris, en Sorbonne, le 2 mai 1863, par le doyen de la Faculté des lettres de Paris.
          J.-VICT. LECLERC.

Permis d'imprimer.
        Le vice-recteur,
          A. MOURIER.

TABLE DES MATIÈRES

	Pages.
INTRODUCTION.	3

PREMIÈRE PARTIE.

Esquisse du système métaphysique de Leibniz. 13

DEUXIÈME PARTIE. — La Théodicée.

Chap. Ier. — Origines de la Théodicée. — Bayle et Leibniz. — La raison et la foi. 45
Chap. II. — Le problème de la liberté. 76
Chap. III. — Le problème du mal. 93
Chap. IV. — L'optimisme. 105
Chap. V. — Critique de la Théodicée au point de vue du leibnizianisme. 116

TROISIÈME PARTIE. — Discussion de l'Optimisme.

Chap. Ier. — Critique de l'optimisme de la Théodicée. 137
Chap. II. — De l'optimisme véritable, ou de l'optimisme chrétien. 181
Chap. III. — Leibniz et le christianisme. — Conclusion. 218

ERRATA.

Page 46, ligne 1re : *après* un jour, *mettez un ;*
Page 113, ligne 2 : *au lieu de :* dirigé, *lisez :* digéré.
Page 134, ligne 3 : *au lieu de :* pourrons, *lisez :* pouvons.

PARIS. — TYPOGRAPHIE DE CH. MEYRUEIS ET C??
RUE DES GRÈS, 11.

www.ingramcontent.com/pod-product-compliance
Lightning Source LLC
Chambersburg PA
CBHW071949160426
43198CB00011B/1605